MAGASIN THÉATRAL.

CHOIX DE PIÈCES NOUVELLÈS,

JOUÉE SUR TOUS LES THÉATRES DE PARIS.

THÉATRE DE LA GAITÉ.

LA SOEUR DU MULETIER,

Drame en cinq actes.

PARIS.

MARCHANT, ÉDITEUR,

Boulevart Saint-Martin, 12.

BRUXELLES.

TARRIDE LIBRAIRE, PASSAGE DE LA COMEDIE

En vente, le 1er octobre 1845:
28e Volume de la **BIBLIOTHÈQUE DE VILLE ET DE CAMPAGNE**,
Prix : 3 francs 50 cent.

CATALOGUE DES PIECES

DE LA

BIBLIOTHÈQUE DE VILLE ET DE CAMPAGNE,

(2me ÉDITION DU MAGASIN THÉATRAL).

ILLUSTRÉE DE GRAVURES SUR BOIS ET DE PORTRAITS D'ACTEURS.

Chaque volume se vend séparément : 3 fr. 50 c.

TOME PREMIER.

- Marino Faliero, tr. 5 a., par C. Delavigne. 50
- L'Homme du siècle, dr. en 4 a. 40
- Le Royaume des Femmes, f. 1 a. 40
- Le Sauveur, com. 3 a. 40
- L'Amitié d'une jeune fille, m. 40
- Je serai Comédien, c. 1 a. 30
- Le Curé Mérino, dr. 5 a. 40
- Antony, d. 4 a. par A. Dumas. 50
- Le Mari d'une Muse, c.-v. 1 a. 30
- Les 4 Ages du Palais-Royal. 40
- Juliette, dr. 3 a. 40
- Une Dame de l'empire, c.-v. 1 a. 30
- La Paysanne demoiselle, v. 4 a. 40
- Les Liaisons dangereuses, dr. 40
- Un de plus, com.-v. 3 a. 40
- Le Doigt de Dieu, dr. 1 a. 40
- L'honneur dans le crime, dr. 50

TOME II.

- Catherine Howart, dr. en 5 a. par Alexandre Dumas. 50
- Une Passion, v. 1 a. 40
- La Vénitienne, dr. 5 a. 50
- Théophile, c.-v. 1 a. 30
- Pécheret l'empailleur, v. 30
- Estelle, com.-v. 1 a. 30
- L'Apprenti, vaud. 1 a. 40
- Savoisy, com. 2 a. 40
- Lustuck, op.-c. 4 a. 50
- Turiaf-le-Pendu, v. 1 a. 30
- Un Enfant, dr. 4 a. 40
- Le Capitaine Roland, c.-v. 30
- La Nappe et le Torchon, c.-v. 40
- Les Duels, com.-v. 2 a. 40
- L'Ambitieux, com. 5 a. 50
- Le Commis et la Grisette, v. 30
- Heureuse comme une princesse 40

TOME III.

- Les Enfans d'Édouard, trag. 40
- Mari de la Veuve, A. Dumas. 40
- Les Deux Borgnes, fol.-v. 30
- Prêtez-moi 5 francs, mél. 40
- Le Juif errant, dr. fant. 50
- La Lectrice, vaud. 2 a. 40
- La Famille Moronval, dr. 5 a. 50
- Morin, dr. 5 a. 50
- Marguerite Grandet, vaud. 40
- Le Tambour, vaud. 30
- La vie de Napoléon, sc. épis. 30
- Latude, mél. hist. 5 a. 50
- La Prima Donna, v. 1 a. 40
- Georgette, vaud. 30
- Le For l'Évêque, vaud. 40
- Frétillon, vaud. 5 a. 50
- 1834 et 1835, rev. épis. 30
- La Fille de l'Avare, v. 2 a. 50

TOME IV.

- Napoléon, par Alex. Dumas. 50
- Atar-Gull, mél. 4 a. 40
- Être aimé ou mourir, d.-v. 30
- Dolly, dr. 3 a. 40
- Les Chauffeurs, mél. 3 a. 40
- Les Pages de Bassompierre. 30
- Farinelli, com.-hist. 3 a. 40
- La Nonne sanglante, dr. 5 a. 50
- La Marquise, op.-com. 1 a. 40
- Frà Tobia Kang, v. 1 a. 40
- Mademoiselle Marguerite. 30
- Les Gants jaunes, v. 1 a. 30
- Le Cheval de bronze, o.-c. 3 a. 40
- Les Beignets à la Cour, c. 1 a. 30
- Le Père Goriot, v. 2 a. 40
- Fleurette, dr. 3 a. 40
- Étienne et Robert, v. 30
- Une Mère, dr. 2 a. 40

TOME V.

- Charles VII, tragédie en 5 actes, par Alexandre Dumas. 50
- Mme d'Egmont, com. 3 a. 40
- La Traite des Noirs, dr. 50
- Karl, dr. 4 a. 40
- La Croix d'or, c.-v. 2 a. 40
- Jeanne de Flandre, mél. 40
- Une Chaumière et son Cœur. 40
- On ne passe prs, v. 1 a. 30
- Cornaro, parodie d'Angelo. 40
- Cromwell, dr. 5 a. par Cordelier Delanoue. 50
- Mathilde, com. 3 a. 40
- Ma Femme et mon Parapluie 40
- La Berline de l'Emigré, d. 5 a. 50
- Le Curé de Champaubert, v. 40
- L'Habit ne fait pas le moine. 40
- Marguerite de Quélus, d. 3 a. 40
- Les deux Reines, op.-c 30

TOME VI.

- Thérésa, d. 5 a. par A. Dumas. 50
- Charlotte, dr. 3 a. 40
- La Consigne, com.-v. 1 a. 30
- Pauvre Jacques, c.-v. 1 a. 40
- Madelon Friquet, v. 2 a. 40
- L'Aumônier du régiment, 1 a. 40
- Un Mariage sous l'empire, v. 2 a. 40
- La Pensionnaire mariée, c.-v. 40
- Le Mariage raisonnable, 1 a. 30
- La Tirelire, com.-v. 1 a. 40
- La Tache de sang, dr. 3 a. 40
- La Savonette impériale, v. 40
- André, vaud. 2 a. 40
- Jean-Jean, parod. en 5 pièc. 50
- La Sonnette de nuit, c.-v. 1 a. 40
- La Fiole de Cagliostro, v. 40
- Infidélités de Lisette, v. 3 a. 40
- Les Enragés, tab. villageois. 30
- Jérusalem délivrée. 50

TOME VII.

- Angèle, d. 5 a. par Alexandre Dumas. 50
- L'homme du monde, dr. 5 a. 50
- Le Conseil de révision, v. 4 a. 40
- Le Procès du mar. Ney, 4 a. 30
- Valentine, dr.-vaud. 2 actes, par Scribe et Mélesville. 40
- Coquelicot, vaud. 3 a. 40
- Pensionnat de Montereau. 30
- La Folle, dr. 3 a. 40
- Le Gamin de Paris, c.-v. 2 a. 50
- Le Transfuge, dr. 3 a. 40
- M. et Madame Galochard. 40
- Les Chansons de Désaugiers. 50
- Le Prévôt de Paris, mél. 3 a. 40
- Gil-Blas, vaud. 3 a. 40
- Renaudin de Caen, c.-v. 2 a. 40
- Chut! 2 actes, par Scribe. 40
- Gotillon III, c.-v. 1 a. 40

TOME VIII.

- La Chambre Ardente, d. 5 a. par Mélesville et Bayard. 50
- Le Moine, dr. 4 a. 40
- Héloïse et Abeilard, dr. 5 a. 50
- La Laide, dr. 3 a. 40
- L'Enfant du Faubourg, v. 3 a. 40
- L'Ingénieur, dr. 3a. par Charles Duveyrier. 40
- La Marq. de Pretintailles, 1 a. 30
- Don Juan de Marana, myst. par Alexandre Dumas. 50
- Le Démon de la Nuit, v. 2 a. 40
- Un Procès criminel, c. 3 a. par Rosier. 50
- Le comte de Horn, dr. 3 a. 40
- Un Bal du grand monde, v. 1 a. 40
- Le Barbier du roi d'Aragon, 3. par Dupeuty, Fontan et Ader. 40
- Reine, Cardinal et Page, v. 30

TOME IX.

- La D. de la Vauballière, d. 5 a. 50
- Jeanne Vaubernier, c. 3 a. 40
- Indiana, dr. 5 parties. 50
- Jours gras sous Charles IX, dr. par Lockroy et Arnould. 30
- Mistress Siddons, c.-v. 2 a. 40
- Tout ou Rien, dr. 3 a. 40
- Amazampo, dr. 4 a. et 6 tab. 50
- Christiern, mél. 3 a. 40
- Casanova, v. 3 a. 40
- Georgine, com.-v. 1 a. 30
- Sir Hugues, par Scribe, dr. 40
- Arriver à propos, v. 1 a. 50
- Marie, par Mme Ancelot. 50
- Pierre le Rouge, par de Rougemont, Dupeuty et Antier. 40
- La Femme de l'Epicier, v. 1 a. 30
- L'Épée de mon Père, v. 1 a. 30

TOME X.

- Kean, drame en 5 actes, par Alexandre Dumas. 50
- Père et Parrain, v. 2 a. 40
- Les Deux divorces, c.-v. 1 a. 40
- Un Cœur de mère, v. 2 a. 40
- Jaffier, dr. 5 a. 50
- Le Muet d'Ingouville, c.-v. 2 a. 40
- El Gitano, mél. 5 a. 50
- Léon, drame en cinq ac. par Rougemont 50
- Fils d'un agent de change, 1 a. 30
- Le comte de Charolais, dr. 3 a. 40
- Le Mari de la Dame de chœurs. 50
- Roquelaure, vaud. 4 a. 50
- Madame Favart, com. 3 a. par Xavier et Masson. 40
- L'Ambassadrice, op.-c. 3 a. par Scribe. 50

TOME XI.

- L'Année sur la Sellette, r. 1 a. 30
- Le Secret de mon Oncle, v. 1 a. 30
- La Nouvelle Héloïse, dr. 3 a. 40
- Gaspardo, par M. Bouchardy. 50
- La Chevalière d'Éon, v. 3 a. 40
- Le Postillon de Lonjumeau. 40
- Austerlitz, évén. hist. 3 a. 40
- Le Muet de St-Malo, v. 1 a. 30
- Riche et Pauvre, dr. 5 a. 40
- Stradella, com. 1 a. 40
- La Laitière et les 2 Chasseurs. 30
- Huit ans de plus, mél. 3 a. 40
- La Champmeslé, c.-anec. 2 a. 40
- Michel, com.-vaud. 2 a. 40
- Les Sept Infans de Lara, d. 5 a. 50
- Paravicédès, dr. 3 a. 40
- Père et Fils, vaud. 1 a. 30
- Le Portefeuille ou 2 Familles. 50

TOME XII.

- Riquiqui, com.-vaud. 3 a. 40
- Un Grand Orateur, c.-v. 1 a. 30
- Trop Heureuse, c.-v. 1 a. 40
- Le Paysan des Alpes, dr. 5 a. 50
- La Vieillesse d'un grand Roi. 40
- L'Étudiant et la Grande D. c. 50
- La Comtesse du Tonneau, v. 2 a. 50
- Polly, com.-vaud. 3 a. 50
- Le Bouquet de bal, c. 1 a. 40
- La Vendéenne, c.-v. 2 a. 50
- Julie, com. 5 a. 50
- L'honneur de ma mère, d. 3 a. 50
- Eulalie Granger, dr. 5 a. par Rougemont. 50
- Schubry, c.-v. 1 a. 40
- L'Ange gardien, dr.-v. 3 a. 50
- Miel et Vinaigre, c.-v. 1 a. 40
- Femme et Maîtresse, c.-v. 1 a. 30

TOME XIII.

- Un Chef-d'Œuvre inconnu. 40
- Jeanne de Naples, dr. 5 a. 50
- Le Gars, dr. 5 a. 50
- Vouloir c'est pouvoir, c.-v. 2 a. 40
- Mina, com.-vaud. 2 a. 40
- Le 3me et le 4me, v. 1 a. 30
- Le Père de l'Enfant, c.-v. 2 a. 40
- Sans Nom! myst. 1 a. 40
- L'Agrafe, mél. 3 a. 40
- Le Mari à la ville et la Femme à la campagne, c.-v. 2 a. 40
- Une Fille de l'Air, f. 3 a. 50
- Le Château de ma Nièce, c. 1 a. 40
- La Fille d'un Militaire, c.-v. 2 a. 40
- Le Tour de Faction, v. 1 a. 30
- La double échelle, o.-c. 1 a. 40
- Bruno le Fileur, 2 a. 50
- Un Jour de Grandeur, dr. 3 a. 40

TOME XIV.

- Le Tourlourou, vaud. 5 a. 50
- Le Bon Garçon, op.-c. 1 a. 30
- L'Officier Bleu, dr. 3 a. 40
- Portier je veux de tes cheveux. 40
- Rita l'Espagnole, dr. 4 a. 50
- Piquillo, op.-com. 3 a. 40
- Le Café des Comédiens, v. 1 a. 40
- Thomas Maurevert, dr. 5 a. 50
- Pauvre Mère, dr. 5 actes par Francis Cornu et Auger. 50
- Spectacle à la Cour, c.-v. 2 a. 40
- Le Domino Noir, op.-c. 3 a. par Scribe. 50
- Longue-Épée, dr. 5 a. 50
- Maria Padilla, en 3 a. 40
- Roméo et Juliette, trag. 5 a. par Frédéric Soulié. 50
- La Folie Beaujon 30

TOME IV

- Marquise de Senneterre, c. 3 a. 40
- Caligula, 5 a. par A. Dumas. 50
- L'Ile de la Folie, r. 1 a. 30
- La Dame de la Halle, v. 2 a. 40
- Les Saltimbanques, par. 3 a. 50
- A Trente Ans, v. 3 act. par Rosier. 40
- L'Élève de St-Cyr, dr. 5 a. 50
- Marcel, dr. 4 a. 50
- La Maîtresse de Langues, 1 a. 40
- Le Cabaret de Lustucru, 1 a. 40
- L'Interdiction, dr. 2 a. 40
- La Pauvre Fille, mél. 5 a. 50
- Isabelle, com. 3 a. 40
- La Petite Maison, c.-v. 2 a. 40
- La Demoiselle Majeure, v. 3 a. 30
- M. et Mme Pinchon, c.-v. 1 a. 30
- Mlle Dangeville, c.-v. 1. 40

TOME XVI.

- Arthur, c.-v. 2 a. 40
- Les Suites d'une faute, d. 5 a. 50
- Les Enfans du délire, v. 1 a. 40
- Matéo, d. 5 a. 50
- Le Mariage en Capuchon, v. 2 a. 40
- A bas les hommes! v. 1 a. 40
- La Bourse de Pézénas, v. 1 a. 30
- Lord Surrey, dr. 5 actes par Fillion et de Josserand. 50
- Simon Terre-Neuve, c.-v. 1 a. 30
- Gaspard Hauser, dr. 4 a. par Anicet et D'ennery. 50
- Les deux Pigeons, c.-v. 4 a. 40
- Mathias l'Invalide, c.-v. 2 a. 40
- Impressions de Voyages, v. 2 a. 40
- Geneviève de Brabant, mél. 4 a. 50
- Rafaël, dr.-com. 3 a. 40
- Faute de s'entendre, com. 1 a. 40

LA SOEUR DU MULETIER,

DRAME EN CINQ ACTES DONT UN PROLOGUE,

PAR M. JOSEPH BOUCHARDY,

REPRÉSENTÉ, POUR LA PREMIÈRE FOIS, SUR LE THÉATRE DE LA GAÎTÉ, LE 11 OCTOBRE 1845.

PERSONNAGES.	ACTEURS.	PERSONNAGES.	ACTEURS.
JACQUES III D'ÉCOSSE......	M. Saint-Mar.	RALPH.........	M. Ameline.
HENRY-JACQUES IV.........	M. Surville.	CATHERINE PATRICK........	Mme Abit.
LE COMTE ROBERT.........	M. Delaistre.	HENRIETTE................	Mme Darmont.
THOMAS PATRICK....	M. Deshayes.	BETTY................	Mlle Courtois.
CHARLES.....	M. Gouget.	PREMIER ENSEVELISSEUR.	
DICKSON................	M. Eugène.	DEUXIÈME ENSEVELISSEUR.	

ENSEVELISSEURS, SŒURS CATHOLIQUES D'IRLANDE, GARDES.

La scène se passe aux environs d'Edimbourg au Prologue. Au 1er Acte, à Durham, à huit lieues d'Edimbourg, dix-huit ans après le Prologue. Et aux 3 derniers Actes, à Edimbourg.

———

Pour les costumes, s'adresser à M. Alfred Albert (théâtre de la Porte-Saint-Martin. — Pour la mise en scène, à M. Varez, régisseur général du Théâtre de la Gaîté.

———

Nota. La droite et la gauche sont toujours celles du spectateur.

ACTE PREMIER.

PROLOGUE.

Intérieur d'une habitation simple au rez-de-chaussée, dans la campagne, à deux lieues d'Édimbourg. Grande porte au fond et une fenêtre au fond à gauche, donnant sur la campagne; porte latérale à droite, donnant dans une chambre; porte latérale à gauche, donnant au dehors. Table à droite, siéges, un banc de bois devant la fenêtre.

SCÈNE PREMIÈRE.

Au lever du rideau, Henry sort lentement de la chambre à droite; il a un costume très-sévère de bourgeois, une escarcelle en peau de daim noircie, une épée; il regarde avec attention dans la chambre dont il vient de sortir.

HENRY, *regardant dans la chambre.*

Oui, elle dort maintenant... son sommeil, qui commence à devenir calme, se prolongera sans doute assez avant dans la matinée pour qu'elle ne soit pas surprise de mon absence à son réveil. (*Il ferme la porte avec précaution.*) Tant mieux, je ne serai pas obligé de lui confier encore ce secret qui lui causerait autant de surprise et de terreur qu'à moi-même... Me séparer de Catherine, ma sœur de lait, ma compagne d'enfance, ma femme, la mère de ma fille!... oh! non, jamais... Un mot à Thomas, le frère de Catherine... (*s'asseyant et écrivant*) son frère et le mien... Depuis huit jours déjà il devrait être de retour. Il est sans doute sur la route d'Édimbourg, et peut-être tout près de la ville. (*Se levant et pliant la lettre.*) J'emploierai s'il le faut plusieurs messagers pour le faire chercher... Je suis brisé de fatigue; heureusement, je trouverai encore à quelques pas d'ici le secours qui m'attendait hier; et dans une heure je serai à Édimbourg. (*Il s'affuble de son manteau.*) Allons, destinée qui m'entraîne, si tu dois me trahir, épargne au moins ceux que j'aime.

Il sort par le fond. Catherine fait un pas dans la chambre, on le voit passer devant la fenêtre. Catherine s'en approche, l'ouvre avec précaution.

SCÈNE II.

CATHERINE, *seule.*

Il prend encore le chemin de la ville; mais qui donc l'appelle ou l'attend à cette heure?... Oh! je saurai le découvrir!... tandis qu'il me croit endormie, je veux marcher inaperçue dans le sentier d'où je pourrai le voir, le suivre et découvrir enfin son secret... Hâtons-nous, et ne perdons pas sa trace!

Elle sort par la gauche. On entend heurter à la porte du fond.

SCÈNE III.

THOMAS, *en dehors.*

C'est moi... Thomas... (*Il paraît à la fenêtre, tenant un enfant dans ses bras.*) Un peu en retard, comme d'habitude... mais... personne!... ah! ils dorment encore... cependant, il fait grand jour. (*A son enfant.*) Attends, mon garçon, je vas d'abord te poser là... (*Il le passe par la fenêtre et le met sur le banc.*) La porte est fermée, (*enjambant la fenêtre*) et nous pouvons bien nous permettre d'entrer ici par la fenêtre, car nous sommes tous deux de la famille. (*A son enfant qui dort.*) Comment, John, vous dormez ainsi, au retour du voyage! cela se passera, mon garçon, et dans une quinzaine d'années, quand vous reviendrez, après une absence, au foyer de la tante Catherine et de la cousine Henriette, qui aura seize ans, alors, vous aurez l'œil plus ouvert, le cœur moins calme, et... jusque-là, pauvre enfant... dors heureux, dors longtemps... mais prends garde de t'endormir du sommeil de ta pauvre mère, qui, peu de jours après ta naissance, a fermé ses beaux yeux pour ne plus se réveiller!... pauvre femme!... (*S'essuyant les yeux.*) Allons... je m'étais promis de n'y plus penser. (*S'approchant de la porte de la chambre, et prêtant l'oreille.*) Personne ne bouge... est-ce qu'ils seraient sortis? (*Il pousse la porte et regarde dans la chambre.*) Comment! tous deux déjà partis... et Catherine a laissé sa fille seule... (*Il entre dans la chambre.*) Non, son berceau est vide... (*rentrant en scène*) cela commence à m'inquiéter... il faut que je questionne aux environs... (*S'arrêtant, après avoir ouvert la porte du fond.*) Et John?... précisément il y a là un berceau qui l'attend... je ne serai pas long.

Il prend son fils endormi et entre dans la chambre. Catherine entre par la porte de gauche, elle est pâle et défaite.

CATHERINE. Et j'ai été forcé de le regarder s'éloigner sans pouvoir le suivre!

SCÈNE IV.

THOMAS, CATHERINE.

THOMAS. Catherine!

CATHERINE*. Mon frère ici!

THOMAS. Je viens de coucher John, et j'allais, inquiet... Mais qu'as-tu donc, sœur? ta pâleur m'épouvante... qu'est-il donc arrivé?

CATHERINE. Un malheur, frère!

THOMAS, *avec terreur.* Quoi! ce berceau vide?

CATHERINE, *vivement.* Non, ma fille existe.

THOMAS. Dieu soit loué!... où est-elle?

CATHERINE. A la ville.

THOMAS. La crainte que j'ai eu d'apprendre un si grand malheur me rend fort contre tous ceux que tu pourras me dire... Parle, sœur.

CATHERINE. Thomas, j'ai perdu la confiance et l'affection de Henry.

THOMAS. Que me dis-tu là?

CATHERINE. Depuis quelques jours, il agit toujours sous l'influence d'une fièvre qu'il cherche à me cacher en vain... il s'entoure de mystère, écrit secrètement, sort au milieu de la nuit...

THOMAS. Et votre fille?

CATHERINE. Sous le prétexte qu'elle était exposée à un air trop vif, dans cette maison que lui-même a choisie dans la campagne, il l'a emportée à la ville pour la confier à de savants médecins, et m'a empêchée de la suivre.

THOMAS. Et tu ne sais où il va quand il sort?

CATHERINE. Ce matin, ne pouvant plus rester dans cette incertitude, je l'ai suivi secrètement, et je l'ai vu s'arrêter au milieu de la route, monter sur un cheval qui l'attendait et qui bientôt l'emporta vers la ville.

THOMAS. Tu sais bien, toi, qui as vu comme moi l'enfance de Henry, ton frère de lait, que tous nos souvenirs d'alors nous autorisent à le croire fils naturel d'un noble; peut-être a-t-il appris maintenant...

CATHERINE, *l'interrompant.* Ne serait-ce pas une joie qu'il s'empresserait de nous faire partager?

THOMAS. C'est vrai. Mais enfin tout cela révèle qu'une secrète pensée l'absorbe, mais ne prouve pas une trahison, car tu n'as rien découvert?

CATHERINE. Cette nuit, pendant qu'il dormait, j'ai fouillé dans son escarcelle, et j'en ai retiré cette boîte qu'il me cachait.

Elle montre une petite boîte sculptée.

THOMAS. Que contient-elle?

CATHERINE. Oh! si j'avais pu l'ouvrir! Mais elle est fermée par une invisible serrure.

THOMAS. Que peut-elle contenir?

CATHERINE. Un gage d'amour!

THOMAS. Non pas, ce serait infâme.

CATHERINE. Cela est, j'en suis sûre.

THOMAS. Non, sœur; et cette boîte secrète (*il passe à la table et cherche à l'ouvrir avec son poignard*) je l'ouvrirai, moi... dussé-je la briser... Ne serait-ce que pour détruire le soupçon qui te déchire le cœur, et qui offense

* Catherine, Thomas.

ton époux. (*La boîte s'ouvre; il la referme précipitamment.*) Grand Dieu!

CATHERINE. Qu'est-ce donc?

THOMAS, *à part.* Qu'ai-je fait?

CATHERINE, *voulant prendre la boîte.* Donne!

THOMAS, *l'arrêtant.* Écoute, avant que tu n'ouvres cette boîte.... reçois ici le serment que te fait ton frère, de punir si tu l'ordonnes, de consoler s'il le peut, de se taire s'il le faut, et de pardonner si tu le veux.

CATHERINE. Merci, frère. (*Elle passe à la table, ouvre la boîte, en sort un médaillon.*) Un médaillon!... (*après l'avoir examiné*) des cheveux!.... (*prenant une lettre.*) une lettre!... (*Elle l'ouvre.*) Henriette!... le même nom que notre fille!

THOMAS. Henry... est coupable... à quoi bon t'en convaincre encore par la lecture de cette lettre?

CATHERINE. Laisse-moi... (*Lisant.*) « Ta » longue absence, ami, me force à t'écrire et » à te parler encore de ma souffrance... Je ne » t'accuse pas, puisque le mariage était im-» possible entre nous... » (*Parlant.*) Impossible entre eux!

THOMAS. Sans doute à cause de leur religion, puisque la loi défend ou annule tout mariage contracté entre protestants et catholiques.

CATHERINE. C'est sans doute cela. (*Elle continue.*) « Et tu viendras, n'est-ce pas, » m'apporter un nouveau courage, à moi qui » dois vivre pour notre enfant... » (*A Thomas.*) Pour notre enfant! (*Elle lit.*) « Qui » commence à murmurer déjà le nom » de Henry... dans ses prières! »

THOMAS. Que dis-tu, Catherine?

CATHERINE, *laissant tomber la lettre de ses mains et tombant assise, avec déchirement.* Dieu vengeur, suis-je assez malheureuse!

THOMAS, *qui vient de ramasser la lettre, lisant avec agitation.* « A moi qui dois » vivre pour notre enfant... qui commence à » murmurer déjà le nom de Henry dans ses » prières; à toi mon âme et ma pensée. » Henriette. » — Ainsi, Henry nous a toujours trompés! Quand après la mort de sa mère, il vint désolé pleurer dans nos bras, son affection n'était qu'un piége, et quand, il y a deux ans, il te conduisait à l'autel... il commettait sans peur cette double infamie, de désoler sa maîtresse et trahir son épouse... N'ordonnes-tu pas à ton frère de punir?

CATHERINE. Attends... je l'aime trop pour le croire si coupable.

THOMAS. Je ne puis te blâmer... car je doute encore.

CATHERINE. Si nous étions dans l'erreur...

THOMAS. Mais cette lettre!...

CATHERINE. En le questionnant...

THOMAS, *l'interrompant*. Non... s'il a toujours menti, il mentirait encore... mais il faut cependant bien s'assurer. Il doit me croire à cette heure loin d'ici ; j'irai jusqu'à la ville, où je saurai le joindre, l'épier, et je reviendrai te trouver à la fin du jour... Mais j'y songe... la présence de John ici... révèlerait mon arrivée.

CATHERINE. Pauvre enfant... les tourments me le faisaient oublier... Ne pouvant le laisser ici, où vas-tu le conduire ?

THOMAS. Tu te chargeras de le porter toi-même à l'hôtellerie des Muletiers, où, tu le sais, on aura bien soin de lui... moi je vais partir. (*Il ouvre la porte et s'arrête.*) Mais quels sont ces hommes ?

CATHERINE, *regardant par la fenêtre.* Ce sont des tondeurs de laine, qui sont déjà venus hier demander si tu étais de retour ; ils veulent, disent-ils, te confier un important chargement...

THOMAS. Recevons-les, Catherine, et... pas un mot, pas une larme.

CATHERINE. Sois tranquille ; nos chagrins ne seront connus que de nous seuls.

SCÈNE V.

LES MÊMES, JACQUES, ROBERT, DICKSON, *en Tondeurs de laine.*

CATHERINE, *aux Tondeurs*. Entrez, mes maîtres... vous n'attendrez pas en vain aujourd'hui le muletier, mon frère.

JACQUES, *à Patrick*. Et nous sommes heureux de le saluer, enfin...

THOMAS. C'est cordialement que le muletier Patrick vous rend votre salut, et qu'il souhaite vous servir.

ROBERT. Vous avez chariot solide et mulets au pied sûr ?

THOMAS. J'ai trois mulets normands, et un chariot dont les essieux sont en fer de Birmingham.

ROBERT. Où peut-on voir l'attelage ?

THOMAS. A l'hôtellerie des Muletiers, et Catherine, ma sœur, qui doit y porter mon petit John qui dort là, peut vous y conduire à l'instant, si vous le voulez ainsi.

JACQUES. Le temps de nous reposer, et nous l'y suivrons.

THOMAS. Asseyez-vous, mes maîtres, et dites-moi ce que je puis faire pour vous.

Ils s'asseyent.

ROBERT. Vous chargerez-vous d'emporter à Londres six ballots de laine filée ?

THOMAS. Volontiers.

ROBERT. Et vous partez ?

THOMAS. Le jour de Saint-Florent.

ROBERT. Dans huitaine ?

THOMAS. Dans huitaine... Vous êtes marchands de laine, mes maîtres ?

ROBERT. Oui ; combien de jours vous faudra-t-il pour arriver à Londres ?

THOMAS. C'est ce que je ne puis vous dire. Je ferai de mon mieux ; mais par le temps qui court, tantôt les routes sont coupées par les nobles qui s'attaquent ou les vassaux qui se révoltent, les villes sont fermées aux pillards qui les assiégent... En revenant cette dernière fois, j'ai été forcé d'abattre des arbres pour faire ma route à travers bois. Aussi, vous le voyez, je porte aussi bien que le fouet du muletier, la hache du bûcheron ; mais soyez sans inquiétude : avec prudence et patience, le muletier Patrick finit toujours par arriver.

JACQUES. Quand donc l'Écosse ne sera-t-elle plus la proie de ces guerres désastreuses ?

THOMAS. Quand donc ? quand sera revenu au trône notre roi Jacques III... Et nous pourrions espérer le revoir bientôt, si nous ajoutions foi à tout ce qu'on dit en Angleterre.

JACQUES. Que dit-on ?

THOMAS. Ce que les Anglais racontent... a plutôt l'air d'un roman qui commence, que d'un événement qui se prépare.

JACQUES. Et que disent-ils donc ?

THOMAS. Ils disent que Jacques III, prisonnier du roi d'Angleterre depuis sept ans, allait mourir succombant sous le poids de sa longue captivité, lorsque le roi Henry VIII vint le trouver à la Tour de Londres : ils disent qu'alors la confiance s'étant établie entre eux, notre roi Jacques, malade, confia au roi d'Angleterre qu'il avait un fils secret d'une dame écossaise, fille d'honneur de sa mère, et que le roi Henry, trouvant dans ce fils, jusqu'alors ignoré, le moyen d'allier sa famille à la couronne d'Ecosse, offrit à Jacques III sa liberté, à condition qu'il reconnaîtrait ce fils, l'appellerait à sa succession, et le marierait la même année à la plus jeune de ses filles ; l'on dit que peu de jours après, Jacques III, consolé, fit un serment au roi d'Angleterre, sortit de la Tour, et prit la route d'Ecosse.

ROBERT. Voilà ce que disent les Anglais ; mais en Ecosse, l'on continue l'histoire ou plutôt le roman... et l'on dit que notre roi s'est trouvé cruellement désappointé à son arrivée en Ecosse.

THOMAS. Pourquoi ?

ROBERT. Parce que seulement alors, il a appris un grand malheur.

JACQUES. Ou plutôt un grand crime !

THOMAS. Lequel ?

JACQUES. Lorsque le roi fut fait prisonnier, il y a sept ans, il découvrit bientôt qu'il avait été livré par un traître qui devait recevoir des espions ennemis le prix de sa trahison à la forteresse de Northon. Et comme il rencontra la mère de son enfant, qui s'était mise sur son chemin pour le voir une fois encore, il la chargea de faire ses efforts pour découvrir ce traître, dont il espérait pouvoir se venger un jour.

THOMAS. Et la dame y parvint-elle?

JACQUES. Fort imprudemment, car le roi Jacques, sitôt sa délivrance, a eu la douleur d'apprendre ici, que depuis sept ans déjà, elle a été tuée chez elle.

THOMAS. Et par qui donc?

JACQUES. Sans nul doute par l'infâme dont elle savait la trahison.

CATHERINE. Et l'enfant... le fils du roi?

JACQUES. A dû vivre au hasard, ignorant de sa destinée; si bien que le roi cherche à la fois et son fils et le meurtrier de celle qui le lui avait donné.

THOMAS. Dieu fasse qu'il puisse bientôt retrouver l'un et l'autre...

ROBERT, se levant. Oui, car alors nous aurions notre ancien roi, nos anciennes lois... et nos anciennes routes, n'est-ce pas, muletier?

THOMAS. Oui, maître... et si vous le voulez bien, Catherine va vous accompagner à l'hôtellerie; vous verrez mon attelage, et demain nous passerons marché.

JACQUES, se levant. C'est dit.

THOMAS. Le temps seulement de prendre mon petit John.

JACQUES. Faites.

THOMAS. Ce ne sera pas long... Viens, Catherine.

Il entre à droite avec Catherine.

JACQUES. Nous avons bien fait, capitaine Robert, de prendre ces habits qui nous ont permis de causer incognito avec ce Patrick qui sera le conseil de sa sœur; c'est un hardi et loyal compagnon qui aime son pays et son roi, et je veux sans retard me confier à Catherine.

ROBERT. C'est là le danger de l'entreprise; nous ne savons ce que Catherine peut avoir de courage et d'ambition.

JACQUES. Elle doit nous accompagner, je la ferai causer en chemin, et... Silence, la voici.

Catherine tient le petit John par la main.

CATHERINE, bas, à Thomas. Ce soir, tu seras de retour?

THOMAS, de même. Oui, et peut-être pourrai-je alors te consoler.

CATHERINE. Dieu t'entende!

THOMAS, aux Tondeurs. Quand vous voudrez, mes maîtres?

JACQUES. En route... (A Dickson qui est resté assis.) Allons, Dickson.

DICKSON, se levant. Me voilà, maître.

JACQUES. Toujours comme autrefois, paresseux... venez.

CATHERINE, à Thomas. A ce soir.

THOMAS, qui vient d'embrasser son fils. A ce soir.

Catherine emmène John et sort par le fond avec les trois Tondeurs.

SCÈNE VI.

THOMAS, seul.

La consoler... je ne l'espère pas, mon Dieu!... le crime de Henry n'est pas douteux, mais encore faut-il que j'en aie d'autres preuves... Allons, et soyons prudent.

Il monte la scène pour sortir.

SCÈNE VII.

THOMAS, HENRY.

HENRY, entrant par la gauche. Thomas de retour!

THOMAS, se retournant. Henry! (A part.) Malédiction!

HENRY. As-tu vu mes messagers?

THOMAS. Non... Qu'avaient-ils donc à me dire?

HENRY. Où est Catherine?

THOMAS. Elle est allée porter mon petit John à l'hôtellerie.

HENRY. Pourquoi ne l'a-t-elle pas gardé ici? je l'embrasserais de bon cœur, mon petit neveu.

THOMAS. Parce que...

HENRY. Parce que?

THOMAS. Parce que je voulais te cacher mon arrivée, te suivre et t'épier avant d'avoir avec toi l'explication qu'il me faut à cette heure, puisque nous nous sommes rencontrés.

HENRY, surpris. Une explication?

THOMAS. Henry, nous avons découvert ton mensonge et ta trahison.

HENRY, à part. Que veut-il dire?

THOMAS. Fouille dans ton escarcelle et regarde s'il n'y manque pas une boîte secrète.

HENRY, inquiet. Comment! cette boîte?...

THOMAS. Cette boîte accusatrice... je viens de la briser devant Catherine!

HENRY. Et vous y avez trouvé?...

THOMAS. La lettre de ta maîtresse!

HENRY. Oh! mon Dieu!

THOMAS. Nous y avons trouvé la lettre dans laquelle elle te parle de votre enfant... et Catherine...

HENRY. Assez, Thomas!... Vous avez trouvé dans cette boîte la lettre de ma maîtresse... mais si, moins troublé par votre concevable terreur, vous aviez lu une inscription gravée dans le coffret, vous eussiez compris qu'il y a quinze ans que cette lettre fut écrite...

THOMAS. Quinze ans?...

HENRY. Vous eussiez alors compris que l'enfant dont on parle dans la lettre n'est autre que moi dans mon enfance...

THOMAS. Toi?

HENRY. Vous eussiez compris que l'amant était mon père...

THOMAS. Ton père?...

HENRY. Et que la femme qui écrivit cette lettre était ma mère...

THOMAS. C'était ta mère!... et nous t'accusions...

HENRY. Vous m'accusiez d'une infamie...

THOMAS. Nous pardonneras-tu, frère?...

HENRY. Vous êtes déjà pardonnés... mais ne doutez jamais de Henry.

THOMAS. Oh! laisse-moi courir trouver Catherine...

HENRY. Non, pas encore. Écoute, Thomas, ce qu'à mon tour je vais te confier... Cette boîte, qui a causé votre erreur, m'a fait connaître ma famille, qui, noble et puissante, a déjà maudit mon mariage avec Catherine et la naissance de ma fille; déjà, tu le vois, j'ai prudemment enlevé de ma maison notre fille, que j'ai cachée sous bonne garde; il faut que cette nuit même Catherine en sorte aussi, et c'est pour cela qu'ayant besoin de ton secours, j'envoyais des messagers à ta rencontre.

THOMAS. Que faut-il faire?

HENRY. Que cette nuit vous partiez, Catherine, John et toi, pour Édimbourg; que vous disant mari et femme, vous alliez loger dans le petit faubourg, où je ne tarderai pas à vous joindre avec ma fille...

THOMAS. Cela sera fait.

HENRY. Seulement alors, tu raconteras tout à Catherine, en lui disant bien que quoi qu'il puisse arriver, elle partagera la fortune de Henry... de Henry qui fait ici le serment de ne jamais souffrir entre lui et ceux qu'il aime ni distance ni séparation...

THOMAS, *entendant du bruit, après avoir entr'ouvert la porte du fond.* Mais voici Catherine!

HENRY. Évitons-la, suis-moi... toute explication maintenant pourrait causer peut-être une imprudence.

THOMAS. Je dois venir la revoir à la fin du jour.

HENRY. Alors seulement, tu la décideras à partir... Suis-moi.

Ils sortent par la gauche.

<center>~~~~~~</center>

SCÈNE VIII.

CATHERINE, puis JACQUES III.

CATHERINE *entre par le fond avec inquiétude.* Après m'avoir fait mille questions en allant à l'hôtellerie, l'un de ces hommes paraissait me suivre, tout à l'heure... il me semble suspect... je suis seule ici, si je m'enfermais! (*Elle se retourne et aperçoit un Tondeur debout à la porte.*) Encore lui!...

JACQUES, *se découvrant.* Catherine Patrick, femme de Henry le rhéteur au collége d'Édimbourg, le roi Jacques III d'Écosse vous demande une heure d'hospitalité.

CATHERINE. Le roi!... Merci au hasard qui permet qu'un hôte si noble vienne honorer ma demeure!

JACQUES. Ce n'est pas le hasard qui m'a conduit chez vous, Catherine; c'est le soin de mon intérêt et de celui de mes états, car vous pouvez beaucoup sur le destin de l'Écosse...

CATHERINE. Moi?

JACQUES. Catherine, vous êtes la femme de Henry, que le roi Jacques vient d'appeler des noms de Jacques-Henry Ramsay, en le reconnaissant pour son fils.

CATHERINE. Henry!... fils du roi d'Écosse!

JACQUES. Il y a trois jours, moi, son père, guidé par de faibles indices, je l'ai trouvé dans l'ignorance de sa destinée; le lendemain je lui ai fait remettre une boîte qui contenait la révélation de sa naissance et de ma secrète liaison avec la dame Ramsay.

CATHERINE, *prenant la boîte.* Quoi... cette boîte?...

JACQUES, *l'examinant.* Est celle que j'ai fait remettre à mon fils... et la lettre me fut écrite par sa mère.

CATHERINE. La mère de Henry! Justice de Dieu, pardonne-moi mes soupçons!

JACQUES. Qu'avez-vous donc?

CATHERINE. Rien. Continuez, mon prince.

Ici le deuxième Tondeur paraît au dehors, s'appuie sur la fenêtre et écoute attentivement.

JACQUES. En révélant à Henry le secret de sa naissance, on lui fit connaître les conditions du roi d'Angleterre, qui veut que l'héritier du trône d'Écosse soit l'époux de sa fille. Mais Henry déclara qu'il ne se séparerait jamais de celle qu'il avait choisie pour compagne, ignorant de sa fortune à venir; si bien que Jacques III, qui sent qu'il remet le pied sur un trône qui chancelle, vient désolé, près de vous, vous demander si, courageuse et sage, vous ne l'aiderez pas à convaincre Henry que vous devez annuler une union dont le maintien amènerait sur vous, sur votre fille, sur Henry, sur toute l'Écosse enfin, d'horribles calamités, que rien ne pourrait plus tard compenser ou combattre.

CATHERINE, *réfléchissant.* Henry est ce fils du roi Jacques...

JACQUES. Henry est appelé à régner sur l'Écosse sous le nom de Jacques IV, à moins que la guerre qu'il ose braver ne change toute sa royale destinée.

CATHERINE. Et votre fils Henry a refusé de rompre notre hymen et de célébrer ses fiançailles avec la princesse d'Angleterre?

JACQUES. Oui, Henry se perd par générosité pour vous... Par générosité pour lui, ne le sauverez-vous pas?

CATHERINE. Sire, ma vie entière appartient à Henry, qui peut en disposer; mais s'il n'ordonne pas, je n'entreprendrai rien, moi qui me suis faite pour lui l'obéissance amoureuse et dévouée... Je ne reconnais à personne la force de juger ses actes; ce qu'il fait est bien fait... et comme je craindrais de commettre un sacrilége en le comparant à Dieu, je me suis persuadée qu'il est un de ses élus, marchant où Dieu l'envoie, connaissant seul les secrets de sa puissance, et je ne puis rien, moi, que m'attacher à ses pas, en serrant sur mon cœur sa main, qu'il m'a donnée.

JACQUES. Et si, trompé une heure seulement par sa raison égarée, il marche à la mort sur un champ de bataille, ne l'arrêterez-vous pas?

CATHERINE. J'irai mourir avec lui sur un champ de bataille.

JACQUES. Et si, plus malheureux encore, il doit aller mourir lentement dans de sombres prisons...

CATHERINE. J'irai mourir avec lui dans de sombres prisons. Et maintenant, sire... vous voyez en moi la sujette tremblante, prête à se courber sous la colère de son roi, et qui lui demande le droit de se retirer, pour ne pas l'outrager encore, en persistant dans un aveugle devoir, immuable comme son cœur.

Elle s'incline et rentre à droite.

SCÈNE IX.

JACQUES, *seul.*

Mon Dieu, Seigneur... vous m'avez donc seulement fait entrevoir un espoir insensé?

SCÈNE X.

JACQUES, ROBERT.

ROBERT, *qui a quitté la fenêtre et qui vient d'entrer en scène, s'approchant du Roi.* Eh bien, sire... qu'avez-vous résolu?

JACQUES. Cette femme résiste.

ROBERT. Je le sais; j'étais là, je l'ai entendu...

JACQUES. Alors... tu sais tout mon malheur.

ROBERT. Oui, c'est malheureux d'en venir à de telles extrémités; les prières, les supplications ont été vaines... Il faut donc avoir maintenant la force d'employer la violence.

JACQUES. Que veux-tu dire?

ROBERT. Je veux dire que le veuvage de votre fils pourra seul nous sauver.

JACQUES. Le veuvage!... tu me conseillerais donc de faire tuer cette femme?

ROBERT. Sire, Wallace et Robert Bruce, vos ancêtres de glorieuse mémoire, habiles à sauver le pays et à briser les obstacles, n'ont pu conserver le trône et la puissance qu'en sacrifiant quelques-uns de leurs sujets pour le salut des autres. Vous avez été plus lent et plus généreux que les rois vos ancêtres, mais vous devez être autant qu'eux, mon prince, habile et fort. Je sens combien il est douloureux pour moi de vous donner ce terrible conseil, mais je dois en avoir le courage, et je le fais, quoi qu'il m'en coûte.

JACQUES. Bruce et Wallace usaient de sanglantes ressources dans une époque sanglante, et le meurtre aujourd'hui n'assure plus la puissance. (*Ici Catherine, qui vient de sortir de la chambre, s'arrête surprise et écoute.*) Vous me conseillez de frapper cette femme innocente... mais épouse de mon fils... n'est-elle donc pas ma fille?... Quoi!... lorsque après sept ans d'emprisonnement, je reviens dans mon pays... lorsque Dieu permet que je sente sur mon front l'air pur de ses montagnes, que j'entende ses chansons oubliées, que je puisse saluer les croix de pierre qui bordent ses chemins... vous voulez que j'y rentre tenant le crime d'une main et la couronne de l'autre... jamais!... Le pays souffrirait des fautes de son maître, qui ne saurait plus le consoler, car un roi bénit mal son peuple avec des mains ensanglantées!

ROBERT. Que fera donc Votre Majesté?

JACQUES. Je retournerai d'abord me mettre à la disposition du roi d'Angleterre, puisque je ne puis remplir les conditions qui devaient assurer ma liberté.

ROBERT. Et s'il rouvre votre prison?

JACQUES. Je subirai mon sort!

ROBERT. Et si la captivité vous tue?

JACQUES, *avec dévotion.* La volonté de Dieu sera faite!

SCÈNE XI.

LES MÊMES, CATHERINE.

CATHERINE, *s'approchant entre eux deux.* Dieu veut, mon roi, que vous soyez sauvé!

JACQUES. Catherine!

ROBERT, *à part.* Elle écoutait!...

CATHERINE. Tout à l'heure, mon prince, vous vous êtes adressé au cœur de l'épouse, cœur noyé dans un abandon qui a tué sa pensée intime, car il ne bat que des battements d'un autre. Mais depuis, vous avez parlé au cœur de la fille, de la fille qui a toute sa force et son filial amour, vous avez repoussé de terribles conseils, vous vous êtes condamné pour épargner la femme de votre fils, vous m'avez appelé votre fille, et je veux mériter ce nom, moi, que le roi Jacques III vient de faire de sa royale famille; et je vous sauverai, mon père!

JACQUES. Me sauver!

CATHERINE. J'annulerai mon mariage!

JACQUES. Toi, Catherine!

CATHERINE. Quand les pères se résignent à mourir pour détourner le poignard qui menace les enfants... les enfants doivent au moins parer le coup qui mettrait dans le tombeau les pères qui les ont sauvés... Pour détruire mon mariage, j'irai sans retard abjurer ma religion. Baptisée par les pères d'Irlande, mon union avec Henry sera nulle par la force des lois, car je serai devenue catholique!

JACQUES. Tu feras cela?

CATHERINE. Non pas demain, mais à cette heure... et je vais partir... Vous direz à Henry la cause de mon départ et de mon dévouement... Vous songerez à ma fille... à ma fille, dont je vais m'éloigner!...

JACQUES. Ta fille sera la joie de ma vieillesse! et nous lui apprendrons comment Dieu a donné à sa mère le pouvoir de disposer d'un trône!

CATHERINE. Et vous apprendrez aussi à votre fils, que je ne dois plus revoir, un secret que, depuis sept ans, je n'ai jamais voulu lui confier, car je craignais qu'il se perdît en cherchant à venger sa mère, près de laquelle j'étais seule quand elle expira.

JACQUES. Toi, Catherine!... et que t'a-t-elle dit?

CATHERINE. Que celui qui venait de la frapper était un simple capitaine écossais, qu'une trahison venait d'anoblir et d'enrichir.

ROBERT, *à part, avec épouvante.* Que dit-elle?

CATHERINE. Et vous pourrez le trouver, sire?

JACQUES. Oui, Catherine. De tous mes capitaines d'alors... celui-là seul peut avoir maintenant un titre de noblesse... Oui, depuis sept ans, il n'y a pas eu de guerre... aucun combat n'a pu anoblir un capitaine écossais... celui qui est noble aujourd'hui ne peut l'être que par le crime!... son titre me livrera l'infâme!... Quoi!... mon trône... ma vengeance en un jour!... Seigneur, mon Dieu! vous m'avez fait oublier déjà mes sept années de captivité!...

CATHERINE. Maintenant, le jour s'achève; il faut que je me hâte de partir avant de revoir Henri ou mon frère... Il ne faut pas que j'aie le temps de songer à ma fille... mon Henriette!... le courage pourrait m'abandon-

ner, et je ne veux pas que le courage m'abandonne... Adieu!

JACQUES. Je veux t'accompagner, Catherine, et te dire quelques mots encore. Viens! (*A Robert.*) Vous voyez, capitaine, que j'ai bien fait d'épargner cette femme et de mettre en Dieu ma confiance. Attendez-moi, je vais revenir, et nous nous rendrons à Edimbourg, où maintenant je dois trouver ma couronne et ma vengeance, et vous m'aiderez à chercher l'assassin, que je frapperai du châtiment des traîtres!... Viens, ma fille!

CATHERINE. Venez, mon père!

Ils sortent par le fond.

SCÈNE XII.

ROBERT *seul.*

Oui, roi ressuscité... roi vengeur... je vais t'accompagner à Edimbourg; compte sur moi. Mais cette Catherine vient de me perdre par sa confidence. Sang Dieu!... je ne joue pas de bonheur... Voyons, rappelons-nous et récapitulons, afin de voir ma position et mes ressources... du sang-froid; toutes mes idées se confondent ensemble... voyons. J'ai pour une forte somme livré jadis le roi Jacques aux espions discrets de l'Angleterre. Je venais à peine d'acheter un comté... que la maîtresse du roi me laisse deviner ses soupçons dangereux; épouvanté, j'appelle à mon aide Dickson, l'ancien scribe du roi; grâce à lui, je parvins à m'introduire près de la dame sans méfiance, et m'arrange de manière à n'avoir plus à la craindre; dès lors, je vis tranquille dans mon opulence, lorsqu'au bout de sept ans le roi prisonnier, qui allait mourir, fait son pacte avec Henry VIII, en obtient sa liberté; j'en suis heureusement instruit un des premiers; je me jette aussitôt sur son passage, je le trouve à la frontière je lui cache prudemment ma fortune; et, comme un de ses officiers fidèles, je lui offre mes services, je partage ses travaux, ses fatigues, afin de connaître et d'entraver ses projets. Enfin, je veux empêcher toute alliance avec l'Angleterre et surtout le retour du roi Jacques IV au trône d'Ecosse, quand la femme se dévoue, trace le chemin elle-même et me désigne, pour ainsi dire, au roi, comme l'infâme et le meurtrier. Voilà bien où j'en suis, et je frémis en songeant que le roi Jacques doit être maintenant le but de toutes mes pensées... Oui, c'en est fait de moi, s'il rentre à Edimbourg... Sur une seule question, il apprendra que le capitaine qu'il cherche est aujourd'hui le comte Robert, et je serai perdu!... Voyons, je suis bien seul ici, l'enfant du muletier est à l'hôtellerie, le muletier est à la ville, Catherine se hâte vers l'Irlande... Henry a de l'occupation à Edimbourg, il fait nuit... oui, c'est bien ici mon champ de bataille... et le roi va venir m'y joindre.. l'imprudent!... A l'aide de son ancien scribe, j'accuserais facilement Catherine de sa mort... et je la perdrais à son tour: mais tuer le roi!... Après tout, il prépare ma sentence... je suis condamné, s'il vit encore demain... Grâce à l'habit qu'il porte, il n'est ici pour tout le monde qu'un tondeur de laine; l'occasion sera peut-être la seule... Ralph et Dickson sont près d'ici... appelons-les d'abord. (*Il ouvre la petite porte, et souffle dans son cor; on lui répond.*) Ils m'ont répondu.., ils vont venir... oui, si j'hesite, je me perds, car la défense serait impossible, si je laissais à l'ennemi le temps de s'armer.

SCÈNE XIII.

DICKSON, ROBERT, RALPH.

RALPH, DICKSON, *entrant.* Vous nous appelez, monseigneur ?

ROBERT. Oui, et d'abord toi, Ralph, réponds moi.

RALPH. Que voulez-vous, maître ?

ROBERT. Quand je t'ai pris à mon service en t'allouant deux marcs d'or par année, tu m'as dit que la nuit comme en plein jour, tu savais attaquer un homme et le tuer sur la place.

RALPH. Je l'ai prouvé au service d'autres maîtres.

ROBERT. Il faut le prouver au mien.

RALPH. Quand vous voudrez.

ROBERT. Tout à l'heure, un homme va revenir vers cette maison , je ne veux pas qu'il y rentre... Tu le reconnaîtras facilement, c'est notre troisième compagnon, vêtu comme nous en tondeur de laine; tu l'attaqueras, et le tueras tout près d'ici.

RALPH. Cela sera fait.

ROBERT. Va donc.

Ralph sort.

SCÈNE XIV.

ROBERT, DICKSON.

DICKSON. Quoi! maître, c'est le roi que vous voulez faire tuer ainsi?

ROBERT. Oui, pour éviter qu'il puisse nous faire tuer demain par le bourreau, car il sait tout.

DICKSON. Qui l'a donc instruit...

ROBERT. Catherine, qui a entendu les dernières paroles de la dame Ramsay.

DICKSON. Catherine !...

ROBERT. Oui... Tu m'aideras à la perdre, après la mort du roi... plus fort et plus dangereux qu'elle; si Ralph ne pouvait l'atteindre,

s'il allait échouer, tiens, Dickson, prends ce poignard, et va te joindre à lui.

DICKSON. Non... monseigneur. Ancien scribe du roi Jacques, vous le savez, je suis habile avec ma plume, mais je n'ai jamais su manier une arme.

ROBERT. Mais, malheureux, si je suis pris, tu le seras comme mon complice.

DICKSON. Rappelez-vous bien, maître, que je ne suis coupable que d'avoir écrit, en contrefaisant l'écriture du roi, une fausse lettre qui vous a permis d'approcher de la dame Ramsay, que vous avez tuée sans mon aide.

ROBERT. Mais l'on pend les faussaires.

DICKSON. Je sais que ma plume peut me valoir la corde, mais je ne saurai jamais la mériter avec l'épée.

ROBERT. Et cette écriture du roi que tu as su contrefaire... tu peux l'imiter encore?

DICKSON. Parfaitement...

ROBERT. As-tu ce qu'il faut pour écrire ?

DICKSON. Toujours; la plume et le parchemin sont mes armes à moi.

ROBERT. A la lueur de la lune, écris donc ce que je vais te dire.

DICKSON, *près de la fenêtre, après avoir pris une plume dans son escarcelle.* Je suis prêt !...

ROBERT, *dictant.* « Mon fils, j'ai eu l'imprudence de confier à la femme Catherine les vœux que je formais pour la rupture de votre mariage. En voulant éveiller sa générosité, je n'ai fait qu'exciter son ambition, car elle m'y a reconnu comme l'invincible obstacle... Je meurs tué par des assassins qu'elle a dirigés contre moi...

Il regarde l'écriture.

DICKSON. Vous voyez! j'écris d'une main tremblante.

ROBERT. C'est bien, ajoute : « Venge-moi, toi, mon fils que je n'ai revu qu'un jour. » Et maintenant signe... (*Prenant l'écrit signé.*) C'est bien cela : cette écriture contrefaite qui a trompé jadis la maîtresse du roi, trompera facilement son fils et ses amis... Et si Catherine compromise n'a pas recours à la fuite, toute révélation de cette femme, accusée par le roi Jacques, sera facile à combattre...

DICKSON. A merveille.

JACQUES, *en dehors.* Au secours!... au meurtre!...

ROBERT. Ralph est aux prises avec le roi.

JACQUES, *d'une voix plus étouffée.* Au secours!...

ROBERT. La voix du roi s'affaiblit.

LA VOIX DE PATRICK, *en dehors.* Tenez ferme, et je viens à votre aide.

ROBERT. Un homme va défendre le roi ! si Ralph succombait....

DICKSON. Sa défaite serait la nôtre.

ROBERT, *prenant son poignard.* Allons, Robert, mets ton masque et va secourir ton valet.

Il sort précipitamment.

DICKSON. Quant à toi, Dickson.... sache au moins feindre de vouloir accompagner ton seigneur. Mais je n'entends plus de bruit : tu seras utile au moins pour panser les blessés...

Il sort par le fond. Thomas par la gauche paraît soutenant Jacques qui se traîne et tombe assis sur le banc près de la fenêtre. Thomas est armé d'une hache.

SCÈNE XV.

JACQUES, THOMAS.

THOMAS. Les infâmes! courage, courage, et nous pourrons poursuivre vos assassins; je les reconnaîtrai, moi...

JACQUES. Tu les reconnaîtras?

THOMAS. Oui, car j'ai marqué le second venu d'une blessure qui ne s'effacera jamais... Mais tâchons d'abord d'étancher le sang de votre blessure.

JACQUES. Elle est mortelle!

THOMAS. Mortelle!

JACQUES. Écoute.... Tu diras à mon fils qu'un comte d'Edimbourg... Oh! mon Dieu!

THOMAS. Mais où est votre fils?

JACQUES, *se levant et cherchant à marcher.* Mon fils... oh! délire... je meurs... le sang... c'est près du cœur... que... (*Il tombe soutenu par Thomas.*) Et mourir quand... la vie recommençait.

THOMAS. Il se meurt!... et personne...

Catherine!... absente!... Henry... ne doit plus rentrer dans cette maison... A qui demander secours? (*Il fait un effort pour le soulever.*) Il est mort!...Ils l'ont tué... Mais quel intérêt avaient donc ces misérables à frapper cet homme?...Ils voulaient le voler sans doute... Les infâmes! si je les suivais, peut-être qu'à la trace du sang que doit perdre celui que j'ai blessé... Mais il fait nuit. (*On jette par la fenêtre une pierre entourée d'un papier qui tombe dans la chambre.*) Qu'est-ce cela? (*Il ramasse et développe.*) Une lettre? A qui s'adresse-t-elle? (*Il va la lire près de la fenêtre.*) « Thomas Patrick. » A moi... (*Il lit.*) « Un noble et puissant personnage » prendra dignement soin de ton fils qu'il » vient de faire enlever de l'hôtellerie des » Muletiers, et voilà ce qu'il t'ordonne : de- » main, au lever du soleil, tu partiras comme » marin volontaire sur un bâtiment qui met » à la voile pour les Indes. Si tu fais un pas » vers la ville, si tu dis un seul mot de ce que » tu as vu, appris ou découvert, ton fils sera » égorgé sur l'heure. Sauve ou condamne ton » fils John... Choisis et sans retard. » Mon John, mon fil sentre les mains de ces infâmes! (*Il va pour sortir furieux... il s'arrête.*) Mais si je veux le défendre, ils vont le tuer... Et toi, vil assassin, que ma hache a mutilé, je saurai bien te reconnaître... Mais, si je te cherches, tu égorgeras mon fils... Oh! mon Dieu!... Conseillez-moi... Seigneur! donnez-moi la force et la raison... car ma tête s'égare dans la douleur... (*Tombant avec déchirement.*) Oh! mon enfant... Seigneur!... gardez-moi... mon enfant!

ACTE DEUXIÈME.

Le théâtre représente les ruines d'une abbaye ruinée qui semble avoir été établie pour servir de lazarets pour les pestiférés. Le lieu de la scène est une ancienne cour de l'abbaye, dont les portes ont été détruites. On y arrive par le fond. Grandes arcades à jour donnant sur la campagne; dans le fond, la mer. A droite, grande porte donnant dans l'abbaye ; çà et là, d'énormes pierres tombées ou oubliées couvertes de mousse et de lierre.

SCÈNE PREMIÈRE.

DICKSON, RALPH.

Au lever du rideau, Ralph est couché sur une pierre à droite. Au premier plan, il porte le costume des Ensevelisseurs. Dickson, assez richement vêtu, entre par le fond.

DICKSON, *entre sans voir Ralph.* Oui, voici bien l'ancienne abbaye de Durham, que l'on a transformée, ainsi que les couvents, en asile de secours pour les pestiférés... Comme tout change! ce pays avec ses ruines sur le bord de la mer, était, il y a peu de jours encore, le rendez-vous des amants et des curieux. Tout

à coup une maladie contagieuse se déclare à Edimbourg. On publie aussitôt une ordonnance qui oblige à conduire ici tout malade atteint de la peste. L'abbaye et les couvents déserts s'emplissent... le chant des oiseaux est remplacé par le son de la cloche des morts... on fait un cimetière d'un pré couvert de fleurs, et au lieu de trouver ici des visages heureux et gais... on y trouve... (*apercevant Ralph qui se lève, après un mouvement de peur*) des ensevelisseurs.

RALPH, *s'approchant.* Mais, n'est-ce pas Dickson?

DICKSON. Il me connaît... (*L'examinant.*) Eh! c'est Ralph devenu ensevelisseur.

RALPH. Tu le vois.

DICKSON, *à part.* Il en a assez tué jadis... il est juste qu'il en enterre maintenant.

RALPH. J'espère que ce n'est pas la maladie qui t'amène ici?

DICKSON. Non, je crains de l'y gagner.

RALPH. Dieu t'en préserve... quoiqu'elle ait perdu presque toute son intensité.

DICKSON. Vraiment?

RALPH. Oui, depuis quatre jours, peu de malades y sont morts. Et que viens-tu donc y faire?

DICKSON. Je précède le duc Robert, qui doit assister ici à la messe pour le salut des malades et le repos des morts.

RALPH. Le duc Robert ne craint donc pas la contagion?

DICKSON. Toujours audacieux et téméraire, il se conforme à ses obligations... et pourtant, depuis qu'il a reçu cette blessure, il y a dix-huit ans, alors qu'il alla prendre ta défense, l'orage, la nuit, l'épouvantent quelquefois.... et j'ai souffert souvent en restant auprès de lui, dont les fréquents souvenirs m'ont empêché d'oublier le tondeur de laine et la Catherine Patrick, dont j'ai toujours devant les yeux le visage énergique... et fatal... Cette femme m'apparaît bien souvent dans mes rêves.

RALPH. Moi, je n'ai rien oublié, mais je n'en souffre plus.

DICKSON. Et qu'as-tu fait pour cela?

RALPH. Comme après avoir survécu à toutes mes blessures, Dieu permit que je fusse aussi sauvé de la peste, j'ai changé de conduite, et je me suis repenti... Faites comme moi.

DICKSON. Nous ne le pouvons pas, nous autres, qui avons la puissance et voulons la fortune; nous n'avons ni le temps de prier, ni le droit d'être sincère; ainsi le premier ministre qui va venir ici prier pour le salut des malades, souhaitera bien ardemment dans le fond de son cœur la mort d'une jeune fille que la maladie a fait conduire ici...

RALPH. Et pourquoi?

DICKSON. Parce qu'elle est aimée de Charles... (*à voix basse*) l'enfant du muletier.

RALPH, *bas.* Celui que nous enlevâmes de l'hôtellerie?

DICKSON. Oui.

RALPH. Pourquoi le ministre a-t-il donc reconnu publiquement ce jeune homme pour son fils?

DICKSON. Parce que depuis dix ans que le commerce fleurit chez nous, tous les trésors de l'Ecosse sont passés dans les mains des marchands, et le premier ministre ruiné lui a donné son nom, afin de pouvoir le marier à la fille d'un de nos plus riches négocians.

RALPH. Et refaire ainsi sa fortune.

DICKSON. Naturellement, et cet amour de Charles dérange tous ses projets.

RALPH. Je comprends; et vous n'avez pas encore la preuve de la mort du muletier?

DICKSON. Pas plus que celle de la mort de Catherine, qui n'a été exécutée que par contumace... mais depuis dix-huit ans!

RALPH, *apercevant quatre Sœurs qui traversent la scène, et se dirigent vers l'entrée du lazaret.* Découvre-toi, Dickson; voici des sœurs d'Irlande.

RALPH. Que Dieu soit avec vous, mes sœurs...

CATHERINE, *qui est une des sœurs.* Dieu vous préserve et vous console, mes frères.

Les sœurs entrent dans le lazaret.

DICKSON. Quelles sont ces femmes?

RALPH. Ce sont de pieuses femmes, qui, sous le nom de sœurs d'Irlande, se sont dévouées pour soigner leurs frères d'Ecosse, et dont le zèle nous a été d'un bien grand secours.

DICKSON. Ce sont peut-être comme toi, Ralph, des créatures repentantes.

RALPH. Peut-être.

DICKSON. Adieu; je vais voir si j'apercevrai sur la route la voiture de mon maître.

On voit paraître au fond la foule d'Ensevelisseurs qui semblent animés.

DICKSON. Les tristes compagnons!

RALPH. Ils viennent de brûler les habits des infortunés que la peste a fait mourir... Dieu te garde, Dickson, de passer par leurs mains... Ton habit doré leur ferait envie.

DICKSON, *effrayé.* Peut-on gagner la route sans passer auprès d'eux?

RALPH. Oui, par-ici.

DICKSON, *se sauvant à gauche.* J'aime autant ce chemin-là; bonne chance.

RALPH. Merci.

Il va s'asseoir sur la pierre au premier plan, à droite.

SCÈNE II.

RALPH, LES ENSEVELISSEURS.

1er ENSEVELISSEUR. Au lieu de vous disputer ainsi, jouez aux cartes, pour savoir à qui doit appartenir cette bague; vous ne savez lequel a raison.... appelez la chance pour juger.

2e ENSEVELISSEUR *au 3e.* Au premier quinze. Consens-tu?

3e ENSEVELISSEUR. C'est dit... Où sont les cartes?

1er ENSEVELISSEUR. En voici, et tâchez de gagner tous les deux.

Ils se mettent à jouer sur une pierre à gauche au premier plan.

2e ENSEVELISSEUR. Commençons.

Ils se mettent à jouer; les autres Ensevelisseurs les entourent en examinant le jeu.

SCÈNE III.

LES MÊMES, PATRICK.

PATRICK. Les voilà réunis, je veux lier conversation avec eux... et apprendre ce que je devrai faire pour devenir ensevelisseur. Oui, il faut que je trouve le moyen d'examiner d'abord dans les lazarets ceux qui peuvent y mourir : les vivants m'attendront ailleurs.

Il s'approche des joueurs et regarde.

2e ENSEVELISSEUR. *Il abat son jeu.* Cinq points; un de plus, j'avais gagné.

PATRICK. Et c'est celui qui te manque qui te feras perdre...

2e ENSEVELISSEUR, *le regardant.* Parie donc contre moi.

PATRICK. Tiens, je risque cette pièce de monnaie.

2e ENSEVELISSEUR. Voici la mienne.

3e ENSEVELISSEUR, *jouant.* Un valet rouge.

2e ENSEVELISSEUR, *retournant une carte.* Barré... J'ai gagné... A moi la bague et l'argent!...

Il va se lever.

PATRICK, *l'arrêtant et prenant la place du perdant.* Voyons, à mon tour.

2e ENSEVELISSEUR. Volontiers... Quel jeu joues-tu?

PATRICK. Le trèfle et la lance.

2e ENSEVELISSEUR. C'était le jeu de nos grands-pères.

PATRICK. Quel jeu jouez-vous donc?

2e ENSEVELISSEUR. La royale ou le croisé.

PATRICK. Je ne sais pas ces jeux-là.

2e ENSEVELISSEUR. D'où viens-tu donc?

PATRICK. De bien loin.

RALPH, *qui est assis seul à droite au premier plan.* Je ne sais, moi, que le trèfle et la lance, seul jeu que l'on jouait dans l'interrègne, avant l'avénement de Jacques IV, et je te le jouerai, moi, si tu le veux.

PATRICK. Je le veux bien. (*Il se lève, va s'asseoir au premier plan avec Ralph.*) Et nous aurons souvent, camarade, l'occasion de le jouer ensemble si je deviens, ainsi que je le désire, ensevelisseur comme toi.

RALPH. Il faut pour ça des protections... en as-tu?

PATRICK. Je n'en ai pas. Je ne suis ici que depuis deux jours... et ne peux-tu m'indiquer un moyen pour entrer dans le lazaret?...

RALPH. Il te faudrait une permission signée des médecins du roi, mais elles sont bien rares.

PATRICK. Et, dis-moi, les nobles que la peste frappe sont amenés aussi dans ces lazarets?

RALPH. Assurément, pour leur salut comme pour celui de la ville; le roi lui-même serait contraint d'y venir s'il était malade; à preuve, deux comtes d'Edimbourg y ont été amenés hier.

PATRICK, *à part.* On m'a dit vrai.

Cloche.

RALPH. La cloche! A un autre jour notre partie de cartes; cette cloche nous appelle au couvent... Allons... compagnons. (*Tous les Ensevelisseurs se lèvent.*) Mettons-nous en route, on a besoin de nous là-bas; venez.

Ils sortent par le fond.

SCÈNE IV.

PATRICK, *seul.*

Je ne pourrai pas entrer comme ensevelisseur dans ces lazarets, et pourtant il faut que je trouve le moyen d'y pénétrer; oui, toutes les questions que j'ai faites hier m'ont appris que depuis mon départ, seulement deux comtes d'Edimbourg sont morts, le vieux comte d'Aston et le jeune comte de Sussex; l'un était trop vieux, l'autre trop jeune; celui que je cherche existe encore, et je le trouverai, car les comtes d'Edimbourg sont au nombre de douze; je suis certain que celui que j'ai blessé était comte, que sa blessure n'a pu s'effacer, et j'irai les examiner les uns après les autres; mais s'il est un des deux qui ont été apportés ici hier, demain il peut y mourir... et je ne pourrais rien demander à sa tombe... Comment ferai-je pour pénétrer... si je pouvais m'emparer de l'habit d'un ensevelisseur... que faire, mon Dieu!...

Il s'assied à droite et réfléchit.

SCÈNE V.

CHARLES, PATRICK.

CHARLES. Me voici maintenant aux portes de l'abbaye de Durham... et je m'arrête... j'ai cette permission que j'ai obtenue avec tant de peine... et j'hésite à m'en servir... c'est qu'Henriette m'a fait jurer par le Christ que je ne tenterais pas de la voir, là où je ne puis que me perdre...

PATRICK, *l'examinant.* Quel est ce jeune homme?

Il se lève.

CHARLES. Oh! je ne puis vivre dans le doute affreux de sa vie ou de sa mort... Elle verra tout mon amour dans mon imprudence... Entrons.

Il se dirige vers l'abbaye.

PATRICK. On n'entre pas là, jeune homme.

CHARLES, *s'arrêtant près de la porte et lui montrant son parchemin.* On y entre avec une permission.

PATRICK. Une permission !... pardon !... un mot, de grâce...

CHARLES, *se rapprochant de lui.* Que me veux-tu?

PATRICK. Une permission, m'avez-vous dit... elle ne peut pas servir pour deux?...

CHARLES. Non... pourquoi?

PATRICK. Parce que pour traverser les lazarets... je donnerais la moitié de ma vie... Oh! si vous vouliez... pour cette permission... mon dévouement, mon sang... Vous qui avez pu l'obtenir, vous en aurez une autre... et puis, vous êtes trop jeune pour ne pas craindre la mort que vous pourriez rencontrer.

CHARLES. Je le sais... mais toi?...

PATRICK. Oh! je dois braver la mort, moi, pour entrer dans ces murs.

CHARLES. Qui veux-tu donc chercher?

PATRICK. Un homme.

CHARLES. Ton frère, ton ami?

PATRICK. Non pas, mon ennemi.

CHARLES. Que lui veux-tu si la peste te venge?

PATRICK. Je crains qu'elle ne le tue.

CHARLES. Pourquoi?

PATRICK. Parce que je veux qu'il vive pour me rendre ce qu'il m'a volé.

CHARLES. Que t'a-t-il volé?

PATRICK. Mon fils... mon seul espoir.

CHARLES. Ton fils!... quand donc?

PATRICK. Il y a près de vingt ans.

CHARLES. Que ne l'as-tu réclamé plus tôt?

PATRICK. Je reviens d'un long exil.

CHARLES. Et celui qui t'a volé ton enfant est ici?

PATRICK. Je l'espère!...

CHARLES. Et tu le reconnaîtrais?

PATRICK. J'en suis sûr...

CHARLES. Et si je te donnais cette permission, que ferais-tu pour moi?

PATRICK. Tout, hors un crime.

CHARLES. Ecoute, ce n'est pas la haine qui m'a guidé, moi, c'est l'inquiétude et l'amour, et quand j'ai vu partir celle que j'aime pour ce pays de douleur, elle m'a fait généreusement jurer sur Dieu que je ne m'approcherais pas d'elle dans ces dangereux asiles. Mais huit jours se sont écoulés, huit jours et huit nuits sans sommeil, et ne pouvant plus vivre, j'allais manquer à ma parole, quand tu m'as rencontré: prends donc cette permission, œuvre de ma faiblesse.

PATRICK. Donnez, et que me commandez-vous?

CHARLES. De savoir pour moi si elle souffre, espère, ou meurt... et quand tu viendras me le dire, je te remercierai dans mon ivresse, ou dans mon désespoir, et nous serons quittes, car tu m'auras instruit et rendu fidèle à mon serment.

PATRICK. Son nom?

CHARLES. Henriette.

PATRICK. Celui de son père?

CHARLES. Elle l'ignore.

PATRICK. Son âge?

CHARLES. Dix-huit ans.

PATRICK. Où vous reverrai-je?

CHARLES Ici; mais dis-moi, si tu allais mourir pour être entré là...

PATRICK. S'il en advenait ainsi, vous n'auriez pas de reproches à vous faire, car je vous le jure, par la ruse ou la violence, j'y serais allé mourir pour mon compte... A bientôt...

CHARLES. A bientôt...

Patrick entre dans l'abbaye.

SCÈNE VI.

CHARLES *seul.*

Je vais donc avoir des nouvelles de Henriette! Faites, Seigneur, que cet homme m'apporte bientôt la vie ou l'espérance.

Il s'assied sur le premier plan à gauche.

SCÈNE VII.

LE MÊME, ROBERT, DICKSON.

ROBERT, *examinant le lieu de la scène et reculant avec effroi.* Et pourquoi donc me conduis-tu si près de ces asiles de mort?...

DICKSON. Parce que j'ai vu de mes yeux Charles se diriger de ce côté, et je voudrais vous en convaincre.

ROBERT. Je t'ai dit qu'il était venu me saluer à mon départ d'Edimbourg...

DICKSON, *descendant la scène et cherchant des yeux.* Depuis ce temps, il a pu faire le voyage. (*Le désignant.*) Tenez, milord.

Robert va lentement à Charles et lui frappe sur l'épaule.

CHARLES, *se levant.* Mon père!...

ROBERT, *descendant la scène.* Je vous trouve ici, coupable d'avoir quitté le service de sa Majesté pour l'amour de cette fille... que je vous avais défendu de revoir, pour votre honneur et ma dignité...

CHARLES. Milord!...

ROBERT. Oui, monsieur, pour votre honneur... je le sais, moi qui ai voulu voir, avant de vous séparer d'elle, si cette femme solitaire cachait un cœur pur dans sa mystérieuse existence. Elle vous a dit, n'est-ce pas, qu'elle devait son opulence à un protecteur généreux et assidu; elle a joué le rôle intéressant de la femme étrangement jetée dans la vie... Eh bien, moi j'ai découvert et l'histoire et l'énigme. Mes espions, Dickson, et moi, avons vu ce protecteur qui se masque, entrer souvent chez elle... non pas en plein jour, mais la nuit, mais à l'heure discrète et sombre... Un tuteur généreux qui veut que sa pupille soit à la fois heureuse et honorée, choisit-il, dites-moi, pour s'approcher d'elle l'heure du sommeil ou du plaisir... Ce n'est pas un protecteur utile, mais un amant discret qui l'enrichit et la protége.

CHARLES. Milord !

ROBERT. Mais il arrive qu'un amant a quelquefois aussi sa générosité. Il arrive qu'après avoir deshonoré une jeune fille, il lui permet de chercher un époux à l'aide du mensonge qu'il protége... il arrive que la jeune fille belle et parée se met à son balcon.... attend le passage d'un gracieux cavalier... qui, séduit par son aspect rêveur, s'approche d'elle, écoute le récit mensonger de sa mystérieuse existence et se laisse conduire, amoureux et trompé, jusqu'au pied de l'autel, où s'accomplit le mariage. Ce fait se passe maintenant à Edimbourg; nous savons le nom de la jeune fille qui se mit à son balcon; elle se nomme Henriette; vous n'ignorez pas le nom du cavalier qui passa sous la fenêtre, et nous saurons bientôt, je l'espère, celui de l'amant qui s'efface et rit sous son manteau, de sa belle aventure.

CHARLES. Milord, si je devais être ainsi victime, je ne pourrais jamais assez vous rendre grâce... mais j'espère encore...

ROBERT. Que je suis dans l'erreur?... Je ne me révolte pas contre votre incrédulité, mais je me réserve le droit de vous convaincre et de vous consoler. Retournez donc à l'instant au palais d'Edimbourg; tel est mon désir, tel est mon ordre, que je vous transmets sans colère.

CHARLES. Je partirai, milord.

ROBERT. Allez... et n'oubliez pas que votre père vous prépare un mariage digne de vous et de lui. (*A Dickson en lui tendant la main droite.*) Ote-moi ce gantelet, Dickson. (*Dickson lui ote le gantelet.*) Allez, et votre juge qui vous pardonne, vous permet de lui baiser la main.

Il lui donne sa main à baiser.

CHARLES, *se retirant après lui avoir baisé la main.* Dieu vous garde, milord.

SCÈNE VIII.

ROBERT, DICKSON.

ROBERT, *suivant Charles des yeux, dit du geste à Dickson de lui remettre son gantelet.* Il part... mais il aime encore, et cet amour pourra nuire à mes combinaisons... si cette jeune fille a perdu la vie... et cela peut être... nous n'aurons plus à nous en occuper... tandis qu'après l'office divin, je harauguerai les fidèles; tu reviendras ici... tu questionneras; je veux savoir avant mon départ le sort de cette jeune femme; et maintenant viens, la messe va commencer et le premier ministre ne doit pas se faire attendre.

Ils sortent.

SCÈNE IX.

CHARLES seul; puis PATRICK.

CHARLES, *rentrant par la gauche et les suivant des yeux.* Ils s'éloignent, et je n'ai pas la force de partir, moi, mon père, car vous venez de me mettre au cœur une hydre qui le dévore. Elle ! Henriette... parjure... infâme ! mais non, il s'est trompé... et pourtant !

PATRICK, *qui vient de sortir du lazaret, allant à Charles.* Glorifiez-vous, jeune homme, elle est sauvée.

CHARLES. Sauvée !

PATRICK. Et si bien guérie qu'elle va quitter le lazaret pour retourner à Edimbourg.

CHARLES. Et tu es bien sûr que tu ne t'es pas trompé?

PATRICK. Non; c'était bien elle, dix-huit ans, belle, du nom d'Henriette... je lui ai parlé, c'est elle qui m'a joyeusement annoncé son départ, et elle m'a demandé si j'étais envoyé par un homme masqué, qui doit venir la joindre.

CHARLES. Un homme masqué, mort et sang !...

PATRICK. Qu'avez-vous donc?

CHARLES. Cet homme masqué c'est mon rival. Tu dis qu'elle est sauvée... pourquoi n'est-elle par morte !

PATRICK. Vous n'en seriez pas plus heureux, car vous l'aimez.

CHARLES. Et si elle m'a trahi !

PATRICK. Il la vaudrait alors mieux morte, vous avez raison ; mais elle est trop belle pour être perfide.

CHARLES. N'est-ce pas?

PATRICK. Oui; allons, jeune homme, courage... moi je n'ai pas trouvé celui qui m'a volé mon fils, et je vais continuer mes recherches dans les couvents voisins... Bonne chance à vos amours.

Il sort rapidement par le fond.

SCÈNE X.

CHARLES seul.

Oh ! peut-être ce protecteur, cet homme qui se masque n'a-t-il que d'affectueuses inquiétudes !... mais s'il en était autrement... que je souffre !... Henriette doit partir bientôt... il faut que je la suive, que je tâche de découvrir. (*Regardant dans le lazaret.*) Mais je ne puis attendre... Qui vient?... une sœur... d'Irlande! si je lui parlais... une jeune fille est avec elle... c'est Henriette !... Oh ! mon Dieu !... je tremble... Seigneur, est-ce un ange envolé qui descend du ciel, ou le démon séduisant et menteur qui échappe à ta justice ?

SCÈNE XI.

CHARLES, CATHERINE, HENRIETTE.

HENRIETTE. Laissez moi seule maintenant, bonne sœur... je sens l'air de la délivrance... il n'y a plus de solitude... merci, j'attendrai seule.

CATHERINE. Vous allez partir, mon enfant, et songez qu'une fois séparées, nous ne nous reverrons plus.

HENRIETTE. Oh! si jamais vous traversez Edimbourg...

CATHERINE, *vivement.* Je n'irai jamais à Edimbourg.

HENRIETTE. Connaissez-vous la ville?

CATHERINE. Je l'ai vue autrefois...

HENRIETTE. Et vous ne la regrettez pas... moi... si j'avais des ailes... Mais je vous fatigue par mes impatiences...

CATHERINE. Je les comprends, mon enfant; celui qui doit venir vous joindre est d'une heure en retard... mais vous n'êtes pas encore d'âge à regretter le temps perdu, car vous avez, m'avez-vous dit, dix-neuf ans.

HENRIETTE. Je ne les aurai que le prochain mois.

CATHERINE. Le prochain mois... et vous vous nommez Henriette?...

HENRIETTE. Oui.

CATHERINE. Et l'on ne vous a jamais dit le nom de votre mère?

HENRIETTE. Jamais...

CATHERINE. Et vous vous appelez Henriette?

HENRIETTE. Bonne sœur, vous me l'avez demandé tous les jours.

CATHERINE. C'est que, voyez-vous, ce nom appartenait à une jeune fille... de votre âge... Ce nom, si vous saviez...

HENRIETTE. Quoi donc?... vous paraissez souffrir...

CATHERINE. Oui... parce qu'une espérance... mais non, je... me suis trompée... ce n'est pas une espérance... non, ce n'est qu'un souvenir.

HENRIETTE. Souvenir douloureux?

CATHERINE. Oui, et... que je veux chasser... Voyons... enfant... parlons de vous... d'Edimbourg... de celui qui doit venir vous chercher.

HENRIETTE, *avec impatience.* Il tarde bien!
Elle monte la scène.

CATHERINE, *à part.* Je ne puis la laisser seule ici.

HENRIETTE. Ma sœur!

CATHERINE. Eh bien?

HENRIETTE. C'est lui, je l'aperçois.

CATHERINE. Celui qui va vous emmener?

HENRIETTE. Oui... mais pourquoi pleurez-vous?

CATHERINE. Parce que je souffre en me séparant de vous.

HENRIETTE. Je vous assure, bonne sœur, que nous devons nous revoir.

CATHERINE. Je ne sais pourquoi je l'espère... Adieu.

HENRIETTE. Adieu, ma sœur.

Catherine, après l'avoir embrassée, rentre dans l'abbaye.

HENRIETTE, *regardant à droite.* Le voici mon bienfaiteur!...

Elle court se jeter dans les bras d'un étranger masqué, vêtu d'un grand manteau.

SCÈNE XII.

CHARLES, HENRIETTE, L'HOMME MASQUÉ.

L'ÉTRANGER, *la serrant dans ses bras.* Henriette!

CHARLES, *s'avançant, à part.* L'homme masqué...

L'ÉTRANGER. Tu m'as reconnu malgré mon masque?

HENRIETTE. Ne suis-je pas habituée à vous reconnaître ainsi?

L'ÉTRANGER. Tu m'es rendue... C'est que j'ai tant prié Dieu.... c'est que j'ai passé toutes mes nuits à lui demander ton retour et la fin de tes douleurs.

HENRIETTE. Et c'est à moi que le ciel a donné la récompense, puisque je puis vous aimer encore...

CHARLES. Que dit-elle?

L'ÉTRANGER, *ôtant son masque.* Laisse-moi embrasser ton front, que la souffrance passée vient d'embellir encore.

HENRIETTE, *l'embrassant.* Toujours trop bon.

CHARLES. Malheur!...
Il s'avance.

HENRIETTE. Et quand partons-nous?

L'ÉTRANGER. Quand tu voudras.

HENRIETTE. De suite.

L'ÉTRANGER. Que je remette ce masque.

CHARLES, *lui arrêtant le bras comme il va se masquer.* Vous l'aurez remis trop tard. (*Reculant effrayé.*) Grand Dieu!

L'ÉTRANGER. Ne me nomme pas!

HENRIETTE. Charles!

L'ÉTRANGER. Vous m'avez outragé, monsieur! (*A Henriette.*) Eloignez-vous, Henriette.

HENRIETTE, *hésitant.* Mais mon... ami...

L'ÉTRANGER. Allez!... je vous appellerai... il le faut, Henriette... je le veux!

HENRIETTE. J'obéis... (*A part.*) Charles ici!

Elle se retourne près de la porte et entre à l'abbaye sur un geste impératif de son protecteur.

SCÈNE XIII.

JACQUES IV, CHARLES.

CHARLES, *s'agenouillant.* Sire, j'attends mon châtiment !

JACQUES. Relevez-vous monsieur, et répondez-moi !... (*Charles se relève.*) Quel sentiment vous a donc fait insulter non pas un roi, mais un homme ?

CHARLES. Celui qu'il serait inutile de vouloir vous cacher, la jalousie.

JACQUES. La jalousie !...

CHARLES. Mantenant, sire, condamnez !... Tous les coups des hommes ne seront rien auprès de celui dont le malheur m'a frappé ! Cette femme, cause de l'injure que je vous ai faite, je l'aimais plus que la vie... plus que la gloire... et c'est la déception, mon roi, qui m'a rendu coupable ; mais vous êtes vengé, car j'ai reçu le coup mortel, en voyant se ternir tout à coup sous la honte et sous l'odieux mensonge l'idole blanche et radieuse que j'avais divinisée.

JACQUES, *après un mouvement.* Ainsi tu aimais Henriette ?

CHARLES. Oui, pauvre fou !

JACQUES. Mais Henriette t'aime-t-elle ?

CHARLES. Elle !... plus fausse encore que belle !... pleurait de ma tristesse ou s'effollait de ma joie !...

JACQUES. Qu'espérais-tu donc ?

CHARLES. La faire ma femme un jour...

JACQUES. Et qui te l'a donc révélée coupable ?

CHARLES. Tout ! maintenant que le bandeau se déchire, sa vie, son opulence, son mystère...

JACQUES. Mais si tu étais dans l'erreur ?

CHARLES. Sire... j'ai mérité votre colère, ne parlons plus de Henriette... punissez... je crains votre pardon...

JACQUES. Mais, enfant, tu te trompes.

CHARLES. Je ne me trompe pas, sire... je sais ce qu'Henriette est pour vous.

JACQUES. Elle est ma protégée !

CHARLES. Puis, autre chose encore.

JACQUES. Quoi donc ?

CHARLES. Vous êtes le roi.

JACQUES. Qu'importe ; dis...

CHARLES. Jamais !...

JACQUES. Je le veux !... qu'est-elle ?

CHARLES. Votre maîtresse, sire !

JACQUES. Tu mens !... elle est ma fille !

CHARLES. Henriette ?...

JACQUES. Silence !

CHARLES. Henriette est pure !... oh ! sire.. (*Tombant à genoux.*) Pardon... pitié !...

JACQUES, *le relevant.* Et si je m'entoure de tant de mystère, c'est que sa naissance se rapporte à une époque qui me défend de l'a-

vouer... Et tu ne sais pas qui fut sa mère ?...

CHARLES. Je le devine, sire... et je sais que Henriette n'est pas responsable eu crime de Catherine Patrick.

JACQUES, *avec douleur.* Catherine !... (*Lui tendant la main.*) Tu as un noble cœur, ami... L'âge vient pour Henriette où l'âme souffre alors qu'on l'isole ; je dois lui trouver pour époux un jeune homme discret, hardi, généreux, digne d'elle, et peut-être pourras-tu le devenir un jour.

CHARLES. Sire... tout mon sang coulerait pour sécher une de ses larmes.

JACQUES. Maintenant, retourne au palais ; je ne veux pas que tu la revoies ici, tu pourrais commettre quelque imprudence.

CHARLES. Oui, sire... car la joie me donne le délire. Je pars !

Il va du côté du lazaret.

JACQUES, *l'arrêtant.* Ce n'est pas là le chemin... par ici !...

CHARLES. Oui... mais...

JACQUES, *le conduisant.* Quoi ?

CHARLES. Soyez béni !

JACQUES. Je serai béni.

CHARLES. Si vous saviez...

JACQUES, *le poussant.* Je sais tout... va-t'en !

CHARLES. Dieu vous protége !

Il sort par le fond.

JACQUES. Merci...

Il le suit des yeux.

SCÈNE XIV.

JACQUES, *seul, le suivant des yeux.*

Il part enfin... il se trompe de route... non... Pourquoi court-il ?... il s'arrête... il repart... il n'arrivera pas jusqu'à Edimbourg sans se perdre en chemin, et dire que le regardant souvent je l'avais rêvé pour l'époux d'Henriette... et ils se sont trouvés, aimés... C'est une belle chose que l'ardente jeunesse et que le secret de la Providence. Maintenant, comment faire appeler Henriette !... comment la faire chercher dans ce lazaret... Oh ! la voici !

SCÈNE XV.

JACQUES, HENRIETTE.

Henriette entre et regarde autour d'elle.

JACQUES, *remarquant son inquiétude.* Non, il n'est plus ici... il vient de partir... et il m'a prié de te dire qu'il s'éloignait heureux.

HENRIETTE. Heureux !

JACQUES. Oui, nous nous sommes entendus ;

je le connais depuis longtemps... figure-toi qu'il était jaloux.

HENRIETTE. Jaloux !

JACQUES. Oui, tu ne sais pas que Charles t'aime d'amour.

HENRIETTE, *naïvement*. Si... je le sais...

JACQUES. C'est que pendant ta maladie, tu aurais pu l'oublier.

HENRIETTE. Je ne l'ai pas oublié un seul instant.

JACQUES. Vraiment ! mais toi, l'aimes-tu ?

HENRIETTE. Si vous le connaissez, vous devez le comprendre.

JACQUES. Moi... je ne suis pas une jeune fille, mais toi...

HENRIETTE. Moi... je suis une jeune fille.

JACQUES. Et qui l'aime ?

HENRIETTE. De toute mon âme.

JACQUES. Alors, je puis t'appprendre une bonne nouvelle.

HENRIETTE. Au sujet de Charles ?

JACQUES. Oui.

HENRIETTE, *vivement*. Oh ! dites, hâtez-vous ! qu'est ce donc ?

JACQUES. Attends... calmons-nous... tout à l'heure... je ne puis te le dire ici.

HENRIETTE, *regardant au fond*. Mais nous sommes seuls.

JACQUES, *à part*. Soyons prudent, j'ai peur d'avoir fait un fou ; évitons maintenant de faire une folle. (*Haut.*) Cette nouvelle, mon enfant, je ne pourrai te la dire, que lorsque nous serons arrivés à Édimbourg.

HENRIETTE, *vivement*. Partons.

JACQUES, *remettant son masque*. Nous allons partir.

HENRIETTE. La route sera bien longue.

JACQUES. Nous ferons doubler l'attelage.

HENRIETTE. Et nous irons plus vite... un jour comme celui-ci l'on peut bien, pour une fois, mettre quatre mules à son carrosse.

JACQUES. On en mettra quatre. (*A part.*) Elle a raison, mon Dieu, l'on ne ressuscite pas tous les jours.

HENRIETTE, *près de la sortie à gauche*. Eh bien ! venez-vous ?

JACQUES. Me voici... pardon... je viens. (*En sortant.*) Il ne faut pas vouloir respirer, quand on doit contenter les amoureux... Me voici, mon enfant..

Il sort à gauche avec Henriette.

SCÈNE XVI.

CATHERINE, *seule*.

Elle sort de l'abbaye et les suit des yeux.

Elle part avec ce protecteur... elle dont la vue me causait tant d'émotions étranges et célestes... Oh ! mon Dieu, pourquoi m'avez-vous mis au cœur tant d'espoir et de souve-nirs insensés... Non, elle n'est pas ma fille... je ne dois pas l'espérer... mais elle se nomme Henriette, elle a dix-neuf ans. Et j'étais si heureuse de la voir... il me semble que mon existence m'a quittée depuis qu'elle est partie... mais elle ne va pas loin. Il n'y a que huit lieues d'ici à Édimbourg. Édimbourg !... quand le sort m'a désignée pour venir en Écosse. Je me suis mise en route, en me jurant que je ne m'approcherais jamais d'Édimbourg, et maintenant il faut que j'y aille ; je ne peux plus vivre ici, non, il faut que je puisse passer pendant la nuit sous les fenêtres du roi d'Écosse... il faut surtout... que je revoie cette jeune fille... en marchant toute la nuit, demain au jour je serai à la ville ; mais comment y trouverai-je la demeure d'Henriette ?   Elle réfléchit.

SCÈNE XVII.

CATHERINE, DICKSON.

DICKSON *entre par le fond*. Une sœur d'Irlande : acquittons-nous de cette commission que m'a donnée le duc Robert en l'interrogeant sur le sort de cette jeune fille (*Haut.*) Dites-moi, ma sœur.

CATHERINE. Que voulez-vous ?

DICKSON. Savoir si vous pouvez m'instruire sur le sort d'une jeune fille du nom d'Henriette.

CATHERINE. Elle est guérie... partie...

DICKSON, *à part*. Diable !

CATHERINE. Vous la connaissez ?

DICKSON, *regardant Catherine*. Je la connais... grand Dieu !

CATHERINE. Alors vous pourrez me dire quelle partie d'Édimbourg elle habite.

DICKSON, *à part*. C'est bien elle.

CATHERINE. Dites !...

DICKSON, *haut*. Le faubourg nord de la ville.

CATHERINE. Le faubourg nord de la ville... merci... merci.

Elle sort précipitamment par la gauche.

SCÈNE XVIII.

DICKSON, *puis* ROBERT.

DICKSON, *après l'avoir suivie du regard*. Catherine !.... Catherine Patrick.... ici ! Oh ! ce n'est pas elle, ce n'est qu'une ressemblance... Comment serait-elle parmi les sœurs d'Irlande ?... Mais j'y songe : quand elle quitta l'Écosse... c'était pour se rendre en Irlande... pour se vouer au catholicisme. Oh !.. c'est bien elle... j'en crois ce tremblement qui m'agite et ce frisson qui me glace.

ROBERT, *paraissant au fond*. Eh bien, Dickson ?

DICKSON. C'est vous, maître.

ROBERT. Cette jeune femme?

DICKSON. Est guérie; mais il s'agit bien d'autre chose...

ROBERT. Comme tu trembles! (*S'éloignant.*) Est-ce que la peste...

DICKSON. Non, milord.. mais je viens de voir.

ROBERT. Qui donc?

DICKSON. Catherine Patrick.

ROBERT. Tu mens?...

DICKSON. Non, milord... Catherine a survécu; Catherine, que nous n'avons jamais trouvée, s'était réfugiée dans un cloître, et vient de rentrer ici comme sœur d'Irlande.

ROBERT.. Catherine... vivante... Catherine en Ecosse... Catherine si près d'Edimbourg!

DICKSON. Oui, milord.

ROBERT. Heureusement qu'elle est pour l'heure enfermée dans ces lazarets.

DICKSON. Elle n'y est plus, milord... Elle vient de partir pour Edimbourg.

ROBERT. Malheur!.. A Edimbourg elle pourrait s'approcher du roi.

DICKSON. Oui... pendant notre absence...

ROBERT. Il faut que nous arrivions à la ville avant elle...

DICKSON. Sa sentence est formelle, milord.

ROBERT. Son exécution publique pourrait être dangereuse.

DICKSON. Mais d'un mot elle pourrait nous perdre.

ROBERT. Et ce mot, elle ne pourra le dire, car elle vient faible et sans secours tomber entre nos mains puissantes... Et dans ces temps de peste, Dickson, on ramasse les morts sans les compter... Viens... suis - moi.

Ils sortent rapidement par le fond.

ACTE TROISIÈME.

Le théâtre représente une chambre de l'intérieur de la maison habitée par Henriette. Cette chambre précède un vestibule qui conduit dehors à droite, et que l'on voit à travers les découpures de la muraille du fond, qui est une boiserie pleine jusqu'à hauteur d'appui et découpée par des ouvertures à jour. Au fond, à gauche, une porte ouvrant sur le vestibule; porte latérale à droite; fenêtre latérale à gauche. Siéges, tables à gauche et à droite; sur celle de gauche, plateau, verres et carafe.

SCÈNE PREMIÈRE.

CATHERINE, HENRIETTE, BETTY.

Au lever du rideau, Henriette, très-élégamment habillée, achève sa toilette, aidée de Betty. Catherine assise achève de faire une couronne de fleurs.

HENRIETTE, *à Betty.* C'est bien, Betty...

BETTY. Ce n'est pas fini.

HENRIETTE. Tu es longue.

BETTY. Un peu de patience et j'aurai noué le dernier ruban.

HENRIETTE. Et-ce fait?...

BETTY. C'est fait.

HENRIETTE. Maintenant, mes bijoux?

BETTY, *prenant un collier.* Je vais donc enfin vous voir parée de ce collier.

HENRIETTE, *le regardant.* Il est bien beau, n'est-ce pas?

BETTY. Je n'ai jamais vu son pareil.

HENRIETTE. C'est vrai... dépêche-toi...

Betty lui met le collier et va prendre les bracelets.

BETTY. Et puis ces beaux bracelets.

HENRIETTE, *à Catherine, tandis que Betty lui met ses bracelets.* Eh bien! bonne sœur... vous ne travaillez plus.

CATHERINE, *qui l'a contemplée tout le temps.* Je vous regardais... mon enfant! mais je n'ai plus qu'une fleur à lier. (*Elle lie la fleur.*) Et la couronne sera faite.

HENRIETTE. Et quand la couronne sera mise sur ma tête, ma toilette sera achevée.

CATHERINE. Venez donc, j'ai fini...

HENRIETTE, *s'agenouillant devant elle.* Un peu de côté... Vous savez, bonne sœur. (*A Catherine qui la regarde.*) Eh bien!...

CATHERINE, *avec amour.* Qu'elle est belle!...

Elle lui met la couronne sur la tête.

HENRIETTE, *se levant, et arrangeant les plis de sa robe.* Maintenant... je suis prête; me trouvez-vous bien comme cela?

CATHERINE. Oui, je vous trouve très-bien.

HENRIETTE, *à Betty.* Et toi, Betty?

BETTY. Moi... je passerais la journée entière à vous admirer.

HENRIETTE. Ah! je dois être belle au moins de tout le bonheur que je ressens; aussi, vous le voyez, j'ai choisi ma plus belle parure. J'ai voulu mettre des bracelets, des colliers et des fleurs... Avant ma maladie, je vivais heureuse, mais sans sentir la beauté de tout ce qui existe: maintenant j'aime le jour qui éclaire, les fleurs qui parfument, l'or qui brille. Et quand ce matin, comme d'habitude, au départ de mon protecteur, j'ai vu se lever le soleil sur la ville endormie... j'ai pleuré d'extase, car pour la première fois j'admirais toute la grandeur de Dieu dans la beauté de la nature.

BETTY, *à Henriette.* Mademoiselle a-t-elle encore besoin de mes services?

HENRIETTE. Non, Betty... tu peux te retirer... seulement ce soir ma sœur doit me quitter; jusque-là, tu le vois, je ne serai pas seule.

BETTY. A ce soir, mademoiselle.

HENRIETTE. A ce soir, Betty.

Betty sort.

CATHERINE, *avec inquiétude.* Votre protecteur, mon enfant, doit donc bientôt revenir?

HENRIETTE. Plus aujourd'hui...

CATHERINE, *rassurée.* Et pour qui donc cette parure?

HENRIETTE. Pour lui... pour Charles... Et je pourrai le recevoir sans arrière-pensée... car mon protecteur m'a dit... jugez de mon bonheur, Je crains, bonne sœur, qu'un chagrin imprévu ne survienne, car il me semble que toutes les joies du monde m'appartiennent aujourd'hui.

CATHERINE. Et que vous a-t-il dit?

HENRIETTE. C'est juste, j'oubliais... Il m'a dit que Charles et moi serions mariés un jour.

CATHERINE. Et Charles est digne de votre amour?

HENRIETTE. Charles est le plus noble et le plus généreux des hommes. Je puis faire son éloge avec assurance, je ne suis pas seule à l'admirer; mon protecteur m'a promis que dans deux mois... serez-vous encore à Edimbourg dans deux mois?

CATHERINE. Non... mon enfant... non... je n'y serai plus quand vous vous marierez.

HENRIETTE. Peut-être; vous disiez hier que vous n'y reviendriez jamais, et vous y êtes aujourd'hui.

CATHERINE. Oui, je n'ai pu résister au bonheur d'y revenir pour un jour. Et quand je passais dans la rue, quand vous êtes accourue m'ouvrir votre porte et vous jeter dans mes bras, j'ai bien remercié l'ange qui m'avait conseillée... Mais ce soir il m'ordonnera de partir... Et l'on ne vous a jamais rien raconté de votre mère?

HENRIETTE. Rien. J'ai vainement questionné... il me semble que je suis venue au monde dans cette belle et vaste maison que j'habite à Edimbourg, et je n'y ai vu que mon protecteur généreux, mais discret, sévère, et une vieille et digne femme qui a pris soin de ma jeunesse, et que la peste a fait mourir. J'attends maintenant que mon protecteur me donne une nouvelle campagne... Dites-moi, bonne sœur, si vous vouliez?...

CATHERINE. Quoi, mon enfant?

HENRIETTE. Remplacer auprès de moi celle qui m'a servi de mère...

CATHERINE, *après une hésitation.* Je ne le puis, mon enfant. Et dites-moi... mais je suis bien indiscrète.

HENRIETTE. Parlez.

CATHERINE. Votre bienfaiteur ne vous a jamais dit la cause du mystère dont il s'entoure?...

HENRIETTE. Quand je l'ai questionné il m'a toujours répondu : De tout cela, Henriette, je puis seulement, vous révéler qu'il y a bien des années, j'ai promis à votre père que je vous secourrais, et que je vous aimerais comme si vous étiez ma propre fille.

CATHERINE. Je vois qu'il a bien tenu sa promesse.

HENRIETTE. Aussi je l'aime comme s'il était mon père. (*On frappe à la porte au fond.*) On frappe... c'est Charles... (*Elle court ouvrir. Reculant.*) Ce n'est pas lui.

<hr>

SCÈNE II.

LES MÊMES, ROBERT.

ROBERT. *à part, remarquant Catherine.* Elle est ici. (*A Henriette.*) Permettez vous, madame, au duc Robert d'entrer chez vous?

HENRIETTE. Le duc Robert!... Que ma demeure lui soit souvent ouverte.

ROBERT. Merci... (*A part et entrant.*) Cette jeune fille est bien belle... *A Henriette.*) Ce n'est pas à vous, belle dame... et je le regrette... que ma visite s'adresse en ce moment; mais à la sœur d'Irlande, qui est votre hôte à cette heure.

CATHERINE, *se levant, à part.* A moi... Que me veut-il?...

HENRIETTE. Je vais me retirer, milord.

ROBERT. Non, restez, je vous en prie; je désire que vous soyez témoin de notre entretien.

CATHERINE, *à part.* Est-ce qu'on m'aurait reconnue?

ROBERT. Plus que tout autre, j'en suis certain, vous approuverez l'objet de ma démarche L'Ecosse reconnaissante a fait frapper une médaille qu'elle veut offrir en signe de gratitude à chacune des sœurs d'Irlande qui se sont dévouées pour elle. J'ai appris qu'une d'elles, venue à Edimbourg, était entrée ici, et j'y viens pour m'acquitter envers elle, moi que le roi Jacques IV a chargé de distribuer cette juste récompense... (*A Catherine.*) Recevez donc, ma sœur, cette médaille que le pays reconnaissant vous a destinée.

Il lui donne une médaille.

HENRIETTE. Elle l'a bien méritée... milord.

CATHERINE, *prenant la médaille.* Milord!... je remercie l'Ecosse trop indulgente qui veut bien appeler zèle et courage ce qui n'a été que l'accomplissement du devoir, et cette médaille aura pour moi d'autant plus de prix, qu'elle porte l'effigie du roi Jacques IV, et le nom du pays qui me la donne.

HENRIETTE. Bienheureux, milord, celui qui, comme vous, monté au fait de la puissance, peut récompenser, absoudre et soulager.

ROBERT. Heureux!.... avez-vous dit.... Gardez, jeune femme, cette douce opinion des hommes et des choses!... Heureux... moi l'écho de toutes les douleurs!... le juge de tous les crimes... Moi, que suis obligé de me faire aujourd'hui, pour le repos de l'Ecosse, le secret agent de l'exécution d'une femme condamnée..

HENRIETTE. Une femme?...

ROBERT. Hélas! oui, le glaive de la justice que je suis souvent forcé de porter dans l'ombre, doit la frapper sans bruit...

HENRIETTE. Et pourquoi cela, milord?

ROBERT. Pourquoi?..... je vais vous l'expliquer; mais pour que vous puissiez me comprendre, il faut que je vous dise d'abord des choses passées... (*A Henriette.*) Que peut-être vous, jeune fille, vous n'avez jamais sues... (*A Catherine.*) Que peut-être, vous, ma sœur, vous avez oubliées!

HENRIETTE. Asseyez-vous, milord... nous vous écoutons.

ROBERT, *assis.* Avant d'être notre roi d'Ecosse, Jacques IV, sous le nom de Henry, avait épousé une fille du peuple du nom de Catherine Patrick... (*Catherine fait un mouvement.*) Quand la royale naissance de Jacques lui fut révélée... Catherine, sa femme, qui voulait le suivre au trône, fit assassiner son père, Jacques III, qui heureusement put l'accuser en mourant par une lettre qu'il écrivit à son fils... Mais Catherine, aussi prudente qu'infâme, avait pris la fuite.. Cependant les lords s'assemblèrent, et les preuves étant irrécusables, ils condamnèrent à mort cette Catherine qui fut exécutée par contumace. Dix-huit ans s'écoulèrent depuis lors, tout était oublié, lorsqu'on vint m'apprendre que cette Catherine, qui a eu l'audace de rentrer en Ecosse, est maintenant à Edimbourg... de sorte que moi le premier ministre je suis forcé d'ordonner aujourd'hui son arrestation et de préparer son exécution publique. (*A Catherine.*) Qu'avez-vous donc, ma sœur?

CATHERINE. Je tremble pour cette femme.

LE CHANCELIER, *continuant.* Or, maintenant que le pays est épuisé par les suites d'une peste qui le désole encore, maintenant que chacun, pleurant un des siens, cherche dans la paix et la prière une espérance nécessaire... faut-il, dites-moi, dresser un échafaud, y traîner une femme parricide, épouvanter les rues par son affreux cortège? maintenant que notre roi, souffrant, inquiet, cherche la santé dans le calme et le repos, faut-il lui rappeler tout à coup l'horrible assassinat de son père? Faut-il verser devant lui le sang de la femme qui a jadis partagé sa couche et sa maison?... Non!... voilà ce que je veux éviter pour mon pays et pour mon roi. Mais pourtant je ne peux sauver Catherine sans me rendre coupable d'un crime de lèse-nation... Or, dans cette position difficile j'ai assemblé secrètement le conseil; il a été décidé que Catherine mourrait, sans que le pays en puisse ressortir ni secousse ni terreur... Et voilà ce que j'ai résolu... je veux m'approcher d'elle et lui dire : Ton échafaud s'apprête, et je viens, quand sonne l'heure de ton supplice, te sauver de l'horreur de l'exécution... Je t'apporte un poison qui endort et fait mourir... quand tu l'auras bu, nous dirons que la peste a signalé ta dernière heure... et tu auras la sépulture à côté de tes frères... Alors il faudra que j'aie le courage de lui verser le poison, et de faire à moi seul la terrible justice...

HENRIETTE. C'est horrible... oh! mon Dieu!

ROBERT. Croyez-vous, jeune fille, que l'on puisse appeler le duc Robert bien heureux... et le condamnerez vous pour son criminel et douloureux courage?

HENRIETTE. Je vous plains, milord...

ROBERT, *à Catherine.* Et vous, ma sœur...

Catherine ne peut répondre.

ROBERT, *à Henriette.* Maintenant, madame, il me reste quelques mots confidentiels à dire à la sœur d'Irlande. Permettez-vous que je sois un instant seul avec elle?

HENRIETTE. Je me retire, milord.

Robert la reconduit à droite.

SCENE III.

CATHERINE, ROBERT.

CATHERINE, *à part.* Où veut-il en venir?

ROBERT *s'approche de la table, prend un verre et y verse le poison. Allons, Catherine Patrick...* voici un breuvage qui endort et donne lentement la mort... Nous dirons, quand tu l'auras bu, que la peste a signalé ta dernière heure...

CATHERINE. Milord... je suis innocente.

ROBERT. Ta sentence est écrite.

CATHERINE. Milord... je sais que je ne puis plus appeler de nouveaux juges.

ROBERT. Et que dois-tu faire?

CATHERINE. Mourir.

ROBERT, *désignant le verre.* Et je t'apporte une mort calme et facile.

CATHERINE. Milord... je ne vous demande qu'un jour...

ROBERT. C'est impossible...

CATHERINE. Je me jette à vos pieds... Ce jour seulement.

ROBERT. C'est un piége, tu veux m'é-chapper.

CATHERINE. Comment le pourrais-je, milord? je ne veux qu'un jour, et ce breuvage c'est la souffrance instantanée.

ROBERT, *la conduisant à la fenêtre.* Il t'effraye... Mais ne vois-tu pas d'ici les sbires qui attendent mon ordre pour te traîner au supplice ?

CATHERINE, *reculant avec horreur.* Mon Dieu !... je sais que vous pouvez disposer de ma vie... mais j'en appelle à votre générosité.

ROBERT. Ma générosité.... Tu m'en as déjà fait repentir... et d'ailleurs je ne pourrais te sauver... le conseil attend la preuve de ta mort. Choisis !... décide !... Comment veux-tu mourir ?

CATHERINE. Milord... rien qu'une heure !

ROBERT. Allons, puisque tu le veux, d'autres se chargeront de la juste vengeance ! Je vais crier d'ici que tu respires encore.

CATHERINE. Arrêtez, milord !

ROBERT. Bois donc !

CATHERINE, *après un grand effort, prend le verre et le repose sur la table.* Je ne le puis.

ROBERT. Le ciel m'est témoin que j'ai fait de vains efforts... que les sbires viennent donc t'arracher de ces lieux ; que la foule épou-vantée t'accompagne ; que ton sang coule... ta mort sera plus sûre et mon cœur plus à l'aise... Tu le veux ?...

Il pousse la fenêtre.

CATHERINE, *avec épouvante.* Arrêtez !

ROBERT, *furieux.* Ma patience est à bout.

CATHERINE, *reposant le verre après avoir bu.* J'ai bu !

ROBERT *referme la fenêtre. Ca-therine chancelante s'assied.* Toute tentative de salut ne ferait que prolonger ta torture, car, tu le sais, cette maison est cernée. Et quand j'y enverrai les ensevelisseurs qui accompa-gnent les trépassés, le bourreau sera sous cette fenêtre avec ses cordes et son épée. Le ciel a voulu, Catherine, que le châtiment du crime s'accomplît dans le silence, et tu auras la sépulture à côté de tes frères... Adieu !... Songe à ton âme !

Il sort.

SCÈNE IV.

CATHERINE, HENRIETTE.

CATHERINE. Vous m'avez donc abandon-née, mon Dieu ! vous qui savez mon inno-cence ?

HENRIETTE, *rentrant.* Il vient de partir... (*A Catherine.*) Dites-moi, ma sœur, me par-donnerez-vous si je suis coupable d'une faute?

CATHERINE. De laquelle, mon enfant?

HENRIETTE. La curiosité... Oui, ma sœur... je suis bien curieuse de savoir ce que le duc a pu vous dire quand vous êtes restés seuls ensemble.

CATHERINE. Ce qu'il m'a dit?

HENRIETTE. Oui.

CATHERINE. Des choses, mon enfant, que je ne puis vous redire.

HENRIETTE. Vous m'effrayez... Vous pleu-rez! Oh ! ma sœur, vous avez donc oublié que ce jour doit être le plus beau de ma vie... Demain, ma sœur, nous songerons à nos pei-nes... mais aujourd'hui...

CHARLES, *ouvrant la porte du fond.* Hen-riette !...

HENRIETTE. Charles !... vous voilà donc enfin !

CHARLES. Oui, et Dieu veuille que j'arrive à temps. Le duc mon père est venu ici, n'est-ce pas?

HENRIETTE. Il vient d'en sortir...

CHARLES. Et tandis qu'il y était, vous n'avez reçu de ses mains ni joyaux ni breu-vage?

HENRIETTE. Non... Pourquoi?

CHARLES. Mon père a juré qu'il nous désu-nirait... et il s'est peut-être déjà mis à l'œuvre pour y réussir d'une façon infernale et cer-taine.

HENRIETTE. Laquelle?

CHARLES. Hier soir, de retour d'Edimbourg, j'allais entrer dans la chambre de mon père, lorsque je l'entendis prononcer ces mots : Puisqu'elle est sortie vivante des lazarets.... il faut que la mort la frappe dans cette ville.

HENRIETTE. Que dites-vous?

CHARLES. Epouvanté, je m'arrêtai prêtant une oreille attentive... On prononça le nom d'Henriette... On parla de cette maison... de poisons subtils... de mort secrète... puis mon père et Dickson sortirent ensemble... Il me sembla qu'ils allaient commettre un crime sur ma fiancée... et comme je ne pou-vais les devancer ici... je courus chez un savant médecin qui comprit mes terreurs, et...

HENRIETTE. Soyez rassuré, noble ami, le poison du duc Robert est destiné à garantir de l'exécution publique une femme qui est maintenant à Edimbourg, et qui a fait assas-siner jadis le père de notre roi Jacques.

CHARLES. Catherine Patrick ?

HENRIETTE. Oui, c'est bien là son nom.

CHARLES. Catherine !... (*A part.*) Sa mère. (*Haut.*) Et le duc veut que cette femme meure par le poison?

HENRIETTE. Il nous l'a dit tout à l'heure.

CHARLES. Catherine !... Mais il faut empê-cher cette épouvantable justice.... Si vous saviez !...

HENRIETTE. Quoi donc?

CHARLES. Quand la tombe peut s'oüvrir', Henriette, il n'est plus de secret.

HENRIETTE. Eh bien?

CHARLES. Catherine est votre mère!...

HENRIETTE. Ma mère!...

CATHERINE, *à part*. C'est ma fille!...

CHARLES, *à Henriette*. M'ordonnez-vous maintenant de tenter son salut?

HENRIETTE. Allez!...

CATHERINE. Restez... il est trop tard... je viens de boire le poison du duc Robert!...

CHARLES. C'est elle!

HENRIETTE. Ma mère!...

Elle court se jeter dans ses bras.

CATHERINE. Oui, ta mère! et la preuve de son innocence est dans la bonté de Dieu, qui permet qu'elle puisse t'embrasser en entrant dans la tombe!

HENRIETTE, *précipitamment*. Mais vous ne mourrez pas, ma mère! Charles peut vous sauver.

CHARLES, *lui donnant le contre-poison*. Dieu soit loué!

CATHERINE, *le repoussant*. N'entendez-vous pas les dernières paroles du duc Robert : « Tout contre-poison ne ferait que prolonger la torture. Cette maison est cernée... Catherine... et quand j'y enverrai les ensevelisseurs, qui accompagnent les trépassés, le bourreau sera sous cette fenêtre, avec ses cordes et son épée!... » Non, ne cherchez pas à sauver celle qui veut s'éteindre... en vous bénissant tous les deux...

HENRIETTE. Mais, ma mère, vous n'avez plus le droit de mourir, vous qui venez de me dire, Henriette, je suis ta mère... Prenez!

CATHERINE. Veux-tu donc que je sois traînée par les cheveux et meurtrie dans les rues, maintenant que je t'ai nommée ma fille!... Non... non... Dans ta chambre... j'ai vu l'image du Christ... Viens! c'est là que... je dois mourir!

Elle se dirige vers la droite.

HENRIETTE, *à part*. Oh! je ne la laisserai pas mourir!

CATHERINE. Mais dans tes bras!... Viens... que je te recommande à ce Dieu... qui me rappelle à lui...

Elle entre, soutenue par Henriette, dans la chambre à droite.

SCÈNE V.

CHARLES, *seul; puis* HENRIETTE.

CHARLES. Et l'on ne peut tenter de lui sauver la vie sans lui donner la mort!... Mais il existe quelqu'un qui vengera cette femme! Et sur qui?... Toute cette histoire est enveloppée dans de sanglantes ténèbres... les lois... n'admettent pas de nouveaux jugements pour les contumaces... mais les hommes peuvent écouter une justification... ils ne le veulent pas... ils l'ont cherchée dans l'ombre. Ils la tuent par humanité... Et pourtant ce n'est pas elle qui a fait tuer le père du roi... Oh! terrible et profond mystère... qui fait que l'innocente expire à cette heure dans les bras de son enfant!... (*Apercevant Henriette, qui paraît égarée.*) Henriette!... Morte, n'est-ce pas?

HENRIETTE. Non!... je l'ai sauvée!... je l'ai perdue!... je n'ai pas eu le courage de laisser mourir ma mère!

CHARLES. Qu'avez-vous fait?

HENRIETTE. A peine venait-elle de s'agenouiller, qu'une affreuse contraction s'empara de tout son être... Ses bras se tordaient, ses yeux se voilaient, et moi, je n'ai pu voir sans perdre la raison la souffrance de ma mère! J'ai profité de son évanouissement convulsif pour lui faire boire le contre-poison. Aussitôt son visage a repris son calme, une faiblesse a remplacé son délire... Elle m'a laissé la guider jusqu'au lit où elle s'est étendue... maintenant elle respire en dormant, et moi... je suis accouru près de vous, heureuse, épouvantée, folle, éperdue, car j'ai peur de ce que j'ai fait!

CHARLES. Si nous pouvions l'emporter, la cacher... la faire fuir...

HENRIETTE. Mais comment?

CHARLES. Cherchons!...

VOIX DANS LA COULISSE.

Divin créateur
Qui dans sa colère
Juge le pécheur,
Entend sa prière.

CHARLES. Les ensevelisseurs!

HENRIETTE. Déjà!

CHARLES, *regardant par la fenêtre*. Et sous cette fenêtre... des sbires qui veillent...

Les Ensevelisseurs paraissent.

RALPH. Où repose la trépassée?

CHARLES. Dans cette chambre... Mais attendez, mes maîtres... avant de toucher son linceul, donnez le temps à sa fille... de s'agenouiller près d'elle et de dire sa prière... (*A Henriette.*) Allez, Henriette, et pendant ce temps... je tenterai...

HENRIETTE. Quoi donc?

CHARLES. Vous le saurez si je réussis.

RALPH. Conduisez-nous, madame.

Henriette chancelante les précède avec inquiétude.

SCÈNE VI.

CHARLES, PATRICK.

CHARLES. Il faut que je gagne un de ces

hommes, dussé-je engager ma vie! (*Arrêtant le dernier qui passe.*) Dites-moi, maître?...

L'ENSEVELISSEUR. Que me voulez-vous?... Mais je vous reconnais, jeune homme!

CHARLES. Vous me connaissez?

PATRICK. Je vous ai vu aux portes des lazarets. Je voulais dévenir ensevelisseur et je le suis maintenant.

CHARLES. Toi!... C'est le ciel qui t'envoie!

PATRICK. Pourquoi?

CHARLES. Parce que j'ai grand besoin de ton secours.

PATRICK. Vous le savez, mon dévouement vous est acquis.

CHARLES. Il faut m'aider à sauver la mère de Henriette... tu sais... de ma fiancée!

PATRICK. La sauver!... Et comment le pourrai-je?

CHARLES. Voici. Elle passe pour morte dans cette chambre... il faut l'emporter au cimetière, la réveiller secrètement et la cacher.

PATRICK. Mais cela serait presque tenter Dieu. Et pourquoi voulez-vous faire croire à sa mort?

CHARLES. Pour l'arracher au bourreau!

PATRICK. Je vous ai promis de faire tout hors le crime... et c'est un crime que de mentir pour sauver les coupables, je ne le puis!

Il fait un pas pour sortir.

CHARLES, *l'arrêtant.* Elle est innocente!

PATRICK. Que ne le prouve-t-elle?

CHARLES. Il est trop tard!

PATRICK. Pourquoi?

CHARLES. Parce qu'elle a été exécutée par contumace et que le bourreau ne lui laisserait ni le temps de la justification ni celui de la prière...

PATRICK. De quoi donc est-elle accusée?

CHARLES. D'avoir fait assassiner, il y a dix-huit ans, le roi Jacques III, alors qu'il se cachait sous l'habit de tondeur de laine, aux environs d'Edimbourg.

PATRICK. Comment!... ce tondeur de laine que l'on tua il y a dix-huit ans, à deux lieues d'Edimbourg, était le roi Jacques?

CHARLES. Oui.

PATRICK. Celui qui mourut dans la maison de Catherine Patrick?

CHARLES. Oui... Pourquoi?

PATRICK. Parce que c'est dans mes bras qu'il a rendu le dernier soupir... parce que c'est à ce crime que se rattache toute mon histoire.

CHARLES. A toi?...

PATRICK. Et qui accuse-t-on de la mort du roi?

CHARLES. La malheureuse Catherine Patrick!

PATRICK. Catherine Patrick!

CHARLES. Tu l'as connue?

PATRICK. Si je l'ai connue!...

CHARLES. Et tu ne la crois pas coupable?

PATRICK. Elle... coupable?... Et c'est Catherine que l'on ose accuser?... Mais c'est un rêve... n'est-ce pas?

CHARLES. Non... ce n'est pas un rêve!... c'est elle que le bourreau réclame!... c'est elle qu'il faut sauver!

PATRICK. Mais où est-elle?... Oh! ce ne peut être Catherine!

CHARLES. Viens donc... et tu vas la reconnaître!...

PATRICK. Par où donc?

CHARLES. Par ici!

Ils entrent à droite.

SCÈNE VII.

ROBERT, DICKSON, *puis* HENRIETTE, PATRICK *et* CHARLES.

ROBERT, *entrant par le fond avec Dickson; il paraît inquiet.* Est-ce que le poison que tu m'as donné serait infidèle ou tardif... (*Apercevant Henriette qui entre.*) Henriette!

HENRIETTE. Charles m'a dit de m'éloigner et d'espérer...

ROBERT, *s'approchant d'Henriette.* Pardon, madame...

HENRIETTE, *avec épouvante.* Le duc!

ROBERT. Je viens de voir, en passant devant la maison, les ensevelisseurs et les apprêts mortuaires, et j'y suis entré le cœur navré, car l'on m'a dit que, frappée de la peste, la bonne sœur d'Irlande venait d'y mourir...

HENRIETTE. C'est vrai... milord.

ROBERT. Et l'on a plus aucun espoir?

HENRIETTE. La mort n'en permet plus...

On aperçoit les Ensevelisseurs qui sont sortis de la chambre par une porte qui donne dans le vestibule et qui la traversent lentement emportant à bras le cercueil que cache la boiserie pleine.

ROBERT, *avec joie.* Les voici!... (*A Dickson.*) Maintenant, Dickson, viens, et nous pourrons dire au roi d'Ecosse comment j'ai fait exécuter la sentence de Catherine.

Ils sortent par la porte du fond à gauche.

HENRIETTE. Ma mère!... Ils l'emportent vivante dans le cercueil!... Ma mère!... Mais elle étouffera sous la terre de la tombe... Non... je ne puis la laisser emporter ainsi... Arrêtez!...

PATRICK, *partant précipitamment de la chambre de droite.* Silence, enfant!... Je la sauverai!

HENRIETTE. Vous?...

PATRICK. Silence!

CHARLES, *paraissant sur le seuil de la porte de la chambre.* Silence!

Henriette reste immobile et l'on entend le chœur des Ensevelisseurs pendant que le rideau tombe.

ACTE QUATRIÈME.

Un vestibule qui précède la chapelle du cimetière. A droite, sur un pan coupé, l'entrée de la chapelle; dans le fond praticable, des arbres du cimetière; un banc à droite et un à gauche.

SCÈNE PREMIÈRE.

RALPH, ENSEVELISSEURS.

Au lever du rideau, Ralph et deux Ensevelisseurs sont en scène.

RALPH, *désignant à gauche.* Inclinez-vous, camarades, voici le duc Robert qui, accompagné de seigneurs, vient assister aux funérailles de la sœur d'Irlande que nous venons de déposer dans cette chapelle.

Le Duc causant avec Dickson, traverse la scène; il est accompagné par des Seigneurs et suivi de Pages.

Ils entrent dans la chapelle; Ralph vient s'asseoir à gauche.

1er ENSEVELISSEUR *au* 2e. Et bien, camarade, as-tu pris un parti?

2e ENSEVELISSEUR. Et toi?

1er ENSEVELISSEUR. Moi, j'irai me remettre au labour dans les campagnes de Perth.

2e ENSEVELISSEUR. Moi, je reprendrai du service dans les troupes franches, puisque l'on nous supprime,

1er ENSEVELISSEUR. L'épidémie a cessé ses ravages avec autant de rapidité qu'elle les avait commencés. Il y a huit jours seulement, malgré toutes les précautions que l'on prenait pour emmener les malades aux lazarets de Durham, nous comptions un grand nombre de morts chaque jour à Édimbourg, et tu le vois aujourd'hui... seulement trois cercueils.

2e ENSEVELISSEUR, *regardant dans la chapelle.* Oui, ceux de deux pauvres soldats, et celui de la sœur d'Irlande, décoré de ce ruban et de cette médaille.

1er ENSEVELISSEUR. La pauvre femme a succombé à son dévouement, comme elle venait d'en recevoir cette récompense.

RALPH. Aussi le duc Robert, qui prie maintenant pour elle dans cette chapelle avec quelques seigneurs et les pages de sa maison, a-t-il défendu qu'elle fût confondue avec les autres infortunées victimes, et a-t-il ordonné qu'elle sera portée par nous vers les caveaux réservés où il veut lui désigner une place.

2e ENSEVELISSEUR. C'est justice.

SCÈNE II.

LES MÊMES, DICKSON.

DICKSON, *sortant de la chapelle et désignant Ralph.* C'est bien, Ralph.

RALPH, *l'apercevant, à part.* Dickson!...

1er ENSEVELISSEUR. Mais voyez, la bénédiction est finie, deux cercueils sont emportés déjà... venez...

Il entre avec le deuxième Ensevelisseur dans la chapelle.

RALPH, *qui est resté le dernier.* Tu me cherches, Dickson?

DICKSON. Oui... le duc Robert m'a chargé de te joindre afin de savoir de toi si tu as appris quelque chose de nouveau.

RALPH. Non, je sais qu'un des ensevelisseurs a tâché de me gagner, pour que je l'aidasse à soustraire le cercueil de la sœur d'Irlande, ce à quoi j'aurais probablement consenti, si toi et le duc, en me faisant venir des lazarets de Durham, ne m'aviez confié que cette femme était Catherine Patrick...

DICKSON. Et pourquoi supposes-tu que cet homme est le muletier?...

RALPH. Parce qu'en me suppliant de l'aider, il m'a dit que la sœur d'Irlande était sa proche parente.

DICKSON. Tu ne sais pas s'il s'est confié à d'autres qu'à toi?

RALPH. Je le présume; j'ai refusé, il a dû tenter auprès des autres.

DICKSON. Que peut-il donc espérer?

RALPH. Que sais-je!... Enfin j'ai cru prudent de vous prévenir de ce qui se passait.

DICKSON. Le duc Robert t'en récompensera, et tu le vois, son assiduité à accompagner Catherine en terre empêchera ce mystérieux ensevelisseur d'effectuer toute folle tentative. Le duc a écrit hier au roi pour lui apprendre comment il a d'abord découvert, et ensuite généreusement fait mourir Catherine la contumace... Tout semblait fini, et le danger renaît plus grand que jamais, si cet homme est le Thomas Patrick à qui le roi Jacques expirant a dû nommer le capitaine Robert.

RALPH. C'est ce qu'il faut découvrir au plus tôt.

DICKSON. Pourrais-tu, malgré son costume, le désigner au duc Robert?

RALPH. Oui, car je connais son allure, je l'ai sans cesse examiné... (*Regardant dans la chapelle.*) Et peut-être vais-je pouvoir te l'indiquer; mais la chapelle est déserte, le cortége est sorti par la porte de la galerie; le voici qui s'avance. Viens, Dickson; par ce chemin nous pourrons le rejoindre.

On voit passer au 4me plan, le convoi de Catherine suivi du Duc, de Seigneurs et de Pages. Henriette effarée sort de la chapelle; Charles l'accompagne.

SCÈNE III.

CHARLES, HENRIETTE.

CHARLES. Au nom du ciel, Henriette, rappelez votre raison et modérez ce désespoir qui m'épouvante.

HENRIETTE. Et le puis-je, mon Dieu... quand tout est perdu sans ressource. N'ai-je par su jusqu'ici modérer ma douleur, venir secrètement dans cette chapelle, comptant toujours sur le dévouement du frère de ma mère, qui nous avait dit : Je la sauverai?

CHARLES. Et la présence du duc a paralysé tous ses efforts, car il n'a pas quitté un instant le cercueil de Catherine.

HENRIETTE. Et maintenant il l'enferme dans la tombe.

CHARLES. Et personne encore de la part du roi !

HENRIETTE. Que voulez-vous dire ?

CHARLES. Lorsque j'ai appris au palais que le duc voulait accompagner Catherine à sa dernière demeure, lorsqu'il m'a ordonné de partir avec lui, j'ai écrit à la hâte au roi une lettre ainsi conçue : Sire, Catherine Patrick doit être ensevelie vivante dans le cimetière de l'Est... Sire, un ordre de vous qui suspende aussitôt les funérailles de votre femme, qui est innocente du meurtre de votre père... Et comme je partais, j'ai chargé un de ses pages de la lui remettre aussitôt... j'espérais que cet ordre viendrait interrompre nos prières à la chapelle... mais rien encore...

HENRIETTE. Et l'on va sceller la pierre qui rendrait nos efforts impuissants.

CHARLES. Cela ne sera pas, Henriette... Je vais dans cette cruelle extrémité, moi, repousser les ensevelisseurs en criant qu'elle est vivante.

HENRIETTE. Il le faut, Charles.

CHARLES. Et je dirai que je le fais au nom du roi... Hâtons nous... Mais qui vient de ce côté... Grand Dieu !... c'est elle.

SCÈNE IV.

LES MÊMES, CATHERINE, *soutenue par* PATRICK.

HENRIETTE, *apercevant Catherine.* Ma mère !...

CATHERINE, *lui tendant les bras.* Henriette !...

HENRIETTE, *se jetant dans ses bras.* Sauvée !...

PATRICK, *à Charles.* J'avais dit que je la sauvrais, moi...

HENRIETTE. Ma mère, venez... reposez-vous... (*Catherine s'assied.*) Mon Dieu, qui me l'avez rendue... conservez-la ?

CATHERINE, *assise.* Ne tremblez pas... je suis sauvée. Tant d'espoir me soutenait, que mon cœur battait avec force dans le cercueil... avant qu'on le fermât sur moi, j'avais embrassé ma fille... je venais d'entrevoir mon frère... et j'attendais patiemment ma délivrance.

CHARLES. Mais comment se fait-il que le duc...

PATRICK. Le duc croit ensevelir Catherine.

HENRIETTE. Mais quel prodige ?

PATRICK. Quand je vis entrer le duc Robert dans la chapelle, un éclair subit traversa mon cerveau... Il avait à peine franchi le seuil... et salué l'autel, que déjà j'avais deviné ses projets, transporté sur le cercueil voisin le ruban et la médaille qui seuls désignaient celui de Catherine... Et Robert abusé s'agenouillait attentif derrière le cercueil que je venais de décorer ainsi. Sitôt la bénédiction achevée, aidé d'un ensevelisseur qui m'était dévoué, j'emportai le cercueil ignoré de ma sœur. Nous l'entrâmes dans les premières broussailles que nous trouvâmes. Bientôt Catherine me tendait les bras en rendant grâce à Dieu... et je la tenais serrée contre mon cœur, lorsque nous entrevîmes à travers les arbres le cortége qui croyait suivre la sœur d'Irlande; et quand il fut passé, j'entraînai Catherine de ce côté, car j'espérais l'y amener dans les bras de sa fille.

HENRIETTE. De sa fille qui vous doit aussi la vie, car elle n'aurait pu survivre à sa mère.

PATRICK. Et maintenant... pour achever notre œuvre, il faut réussir à sortir d'ici... Pauvre sœur... pourras-tu marcher en t'appuyant sur nous?

CATHERINE, *se levant.* Oui, je serai forte... puisque le ciel fait pour nous un miracle.

PATRICK. Mais si tu est rencontrée...

CHARLES, *désignant la droite.* Par ce chemin... il y a des sentiers déserts...

PATRICK. Nous ne les connaissons pas...

CHARLES. Je vais les explorer d'abord, vous tracer un passage, et je reviendrai pour vous servir de guide.

PATRICK. C'est cela... allez ! (*Charles sort par la gauche. A Catherine.*) Et demain, sœur, tandis que tu recevras de ta fille, de notre belle Henriette... les soins qui devront achever de te rendre à la vie... ton frère Patrick prouvera que tu es innocente du crime dont on a osé t'accuser.

CATHERINE. Tu le prouveras?

PATRICK. Oui, sœur... Thomas, qui revient après dix-huit ans d'esclavage... apporte une preuve qui ne l'a jamais quitté; il pourra désigner le coupable, qui existe encore, et comme le ciel t'a rendu ta fille... peut-être lui rendra-t-il son fils...

CATHERINE. John?...

PATRICK. Que je cherche... Mais ne parlons pas de cela, Catherine... ta tête, maintenant fatiguée, apprendra plus tard toutes nos espérances et toutes nos craintes...

HENRIETTE. L'on marche de ce côté... c'est Charles, peut-être...

PATRICK, *allant voir au fond.* Trois hommes semblent venir ici... oui, ils se dirigent de ce côté; il faut les éviter, Catherine.

CATHERINE, *se levant.* Comment?...

PATRICK. Allez vous agenouiller dans quelque coin de cette chapelle... hâtez-vous.

Catherine et Henriette entrent dans la chapelle. Trois hommes affublés de manteaux et masqués paraissent au fond et entrent en scène.

SCÈNE V.

PATRICK, LES TROIS HOMMES MASQUÉS.

PATRICK, *à part.* Ces trois hommes sont masqués... que veulent-ils?... (*S'adressant à eux.*) Que cherchez-vous, mes maîtres?

UN HOMME MASQUÉ [*]. Nous cherchons le père d'un enfant que, il y a dix-huit ans, par l'ordre de puissants seigneurs, nous avons enlevé de l'hôtellerie des Muletiers.

PATRICK. Vous?

L'HOMME MASQUÉ, *à part.* C'est bien lui. (*Haut.*) Écoute, Thomas Patrick, ceux qui nous avaient chargés de ce rapt mettaient à ton salut la condition de ton silence et de ton départ. Tu as été silencieux, tu es parti... ils ont tenu leur parole comme tu tenais la tienne. Aujourd'hui ton fils, âgé de vingt-deux ans, est sur le chemin d'un brillant avenir...

PATRICK. Mon fils!... il existe?

L'HOMME MASQUÉ. Il est encore à cette heure sous la puissance de ceux qui suivent tes pas depuis deux jours, et qui nous envoient te dire comme par le passé : Si tu dis un seul mot de ce que tu as vu, appris ou découvert, ton fils sera égorgé sur l'heure.

PATRICK, *avec fureur.* Misérables assassins!...

L'HOMME MASQUÉ, *avec calme.* Nous ne sommes que les sicaires de ceux qui tueront ton fils... si tu te révoltes contre nous.

PATRICK. Oh! malheur!...

L'HOMME MASQUÉ. Et voici ce que nos maî-

[*] Dickson est l'homme masqué.

tres t'ordonnent : Une voiture est près d'ici, tu nous suivras, tu y monteras avec nous, et nous te conduirons en lieu sûr... Si tu refuses, tu verras avant la fin du jour la foule se presser sur le bord du fleuve, autour du cadavre d'un beau jeune homme assassiné...

PATRICK. Mon Dieu!...

L'HOMME MASQUÉ. Sauve ou condamne ton fils... Décide...

PATRICK. Mais qui me prouve que mon fils n'est pas mort... lui qui est tombé entre les mains d'infâmes assassins...

L'HOMME MASQUÉ. Ceux-là qui étaient intéressés à le laisser vivre n'ont-ils pas dû le conserver comme otage?

PATRICK, *à part.* C'est vrai... (*Haut.*) Mais qui me dit que mon fils ne saura pas se défendre?

L'HOMME MASQUÉ. Il succombera comme a succombé ta sœur Catherine.

PATRICK, *à part.* Catherine... si c'était un piége...

L'HOMME MASQUÉ. Eh bien?...

PATRICK. Je vous brave... je reste.

L'HOMME MASQUÉ. Adieu; tu auras brisé la glorieuse carrière de ton fils, tu auras fait tuer le plus loyal des jeunes hommes...

PATRICK. Je ne suis pas certain que mon fils existe...

L'HOMME MASQUÉ. Tu te repentiras d'en avoir douté quand tu le verras mort sur ton chemin. Adieu.

PATRICK. Mon fils... attendez... (*A part.*) Un père ne peut accepter ce terrible défi... Si je résiste, je puis faire tuer mon fils... Catherine aussi, peut-être... car les espions qui s'attachent à mes pas la découvriraient, sans aucun doute... (*Aux hommes masqués.*) Où me conduisez-vous?

L'HOMME MASQUÉ. Tu le sauras.

PATRICK. Mais enfin?

L'HOMME MASQUÉ. Hâtons-nous, car les tueurs pourraient mal interpréter notre absence.

PATRICK. Venez donc.

L'HOMME MASQUÉ, *lui indiquant le chemin.* Passe devant moi.

PATRICK. Mon Dieu! pardonne au père son doute et son espoir, et veille sur Catherine!... Marchons!

Deux sicaires sortent les premiers, puis Patrick, puis l'homme masqué.

SCÈNE VI.

CATHERINE, HENRIETTE.

Elles sortent de la chapelle et regardent avec précaution du côté où est sorti Patrick.

CATHERINE. Il s'est résigné.

HENRIETTE. Il les a suivis.

CATHERINE. Mais nous parviendrons peut-être à l'arracher de leurs mains, ma fille, car celle qu'ils croient morte les a entendus, les misérables. Mais que pourrons-nous, pauvres femmes!

HENRIETTE. Instruire de tout cela le roi votre époux, mon père.

CATHERINE. Le roi me croit encore coupable.					•

HENRIETTE. Nous lui dirons que Patrick a les preuves de votre innocence, et qu'il faut qu'il délivre Patrick.

CATHERINE. Oui, Charles, ton fiancé peut s'approcher du roi...

HENRIETTE. Et vous savez si Charles nous est dévoué... (*Montant la scène.*) Mais il ne vient pas...

CATHERINE. Peut-être a-t-il rencontré Patrick...

HENRIETTE. Ma mère...

CATHERINE. Eh bien?

HENRIETTE. Charles vient, mais il n'est pas seul, quelqu'un l'accompagne... c'est mon protecteur. Ils seront deux, ma mère, pour défendre Patrick.

CHARLES, *en dehors.* Venez...

SCÈNE VII.

LES MÊMES, CHARLES, JACQUES IV.

CHARLES. Nous allons sans doute les trouver dans cette chapelle... mais, voyez, les voici.

CATHERINE, *reconnaissant Henry.* Henry!

JACQUES. Catherine!...

HENRIETTE. Le roi!

JACQUES, *à Henriette.* Oui, le roi, ton père... Henriette...

HENRIETTE. Vous?

CHARLES. Vous avais-je trompé, sire?

JACQUES. Non! (*A part.*) Catherine...

CHARLES, *à Henriette.* Éloignons-nous, Henriette, laissons les seuls ensemble...

Ils entrent tous les deux dans la chapelle.

SCÈNE VIII.

JACQUES, CATHERINE.

JACQUES. Catherine, que je retrouve ici...

CATHERINE, *d'une voix tremblante.* Catherine, qu'une injuste sentence avait conduite à la mort, et que Dieu vient de sauver pour qu'elle pût se justifier.

JACQUES. Dieu vient aider bien tard à sa justification.

CATHERINE. Oui... elle a longtemps souffert, celle que vous avez laissé condamner...

JACQUES. En vertu de la lettre de mon père, qui l'accusait.

CATHERINE. Votre père... cette lettre était fausse!

JACQUES. Que ne l'avez-vous prouvé... que n'avez-vous réclamé?

CATHERINE. Je ne le pouvais pas... et Catherine, que les assassins accusaient, devait succomber, puisque personne ne prenait sa défense...

JACQUES. Je l'ai défendue, moi; moi qui la proclamais innocente malgré ses juges et qui la faisais chercher encore le jour où se prononçait sa sentence.

CATHERINE. Catherine, qui avait quitté l'Écosse pour accomplir un pieux devoir, n'a su qu'on l'avait accusée qu'en apprenant sa condamnation.

JACQUES. Qu'a-t-elle fait alors?

CATHERINE. Elle n'a pas cru, d'abord... puis enfin, par trois fois, elle a écrit au roi d'Écosse.

JACQUES. Je n'ai reçu aucune de ses lettres.

CATHERINE. Les vrais coupables ont donc eu le pouvoir de les intercepter... et Catherine a attendu pendant une année entière sans sommeil un seul mot d'espoir ou de consolation, mais il n'en est pas venu... Et vous avez cru Catherine coupable...

JACQUES. J'ai douté...

CATHERINE. Et qui vous avait donc mis au cœur ce doute épouvantable?

JACQUES. L'absence, la fuite et le silence de Catherine.

CATHERINE. J'avais écrit...

JACQUES. Que ne veniez-vous?

CATHERINE. La mort ne m'attendait-elle pas à la frontière?

JACQUES. C'est vrai. Mais Thomas, votre frère?

CATHERINE. Mon frère... après avoir subi dix-huit ans d'esclavage, hier encore il ignorait et l'accusation et le malheur de Catherine.

JACQUES. Il ignorait... et où est-il donc maintenant?

CATHERINE. Au pouvoir des assassins de votre père...

JACQUES. Que dites-vous?

CATHERINE. Oui, sire; et le ciel, qui vous a conduit ici, veut que vous délivriez Patrick pour savoir l'innocence de Catherine... car Thomas en apporte les preuves...

JACQUES. Et vous pourrez me conduire?

CATHERINE. Oui. Mais, pour me donner la force de vous guider, dites donc au moins à la pauvre Catherine que vous ne croyez plus qu'elle a trempé ses mains dans le sang de votre père!...

JACQUES. Moi, Catherine... sache donc ici que je ne l'ai jamais cru dans le fond de mon âme!...

CATHERINE. Mon Dieu!

JACQUES. Et quand une lettre du comte Robert m'a appris que, conseillé par plusieurs de mes hauts seigneurs, il avait secrètement empoisonné Catherine pour lui éviter les horreurs du supplice, je devins la proie d'un sombre désespoir, et d'une fièvre épouvantable qui m'aurait tué, peut-être, si Charles n'était venu me révéler ta miraculeuse délivrance!...

CATHERINE. Vous, sire?...

JACQUES. Tu veux que je t'avoue mes terribles combats? Eh bien! oui, Catherine, je gardais dans mon cœur une secrète espérance qui sans cesse s'éteignait devant la fatale évidence... et renaissait toujours comme l'espoir au cœur d'un naufragé...

CATHERINE. Que dit-il?

JACQUES. Et si j'ai jadis refusé de m'allier à la princesse d'Angleterre, si j'ai fait la guerre pour rester libre... c'est que malgré moi le souvenir de Catherine remplissait mon cœur d'amour, de haine, de doute et de terreur... Et ce combat, que je me livrais depuis si longtemps, durait encore, terrible et douloureux, quand je t'ai revue tout à l'heure. Et maintenant que j'ai entendu ta voix suppliante, l'heure est venue pour moi de me délivrer enfin de cette lutte, où mes secrets efforts se brisaient contre l'impossible... et de te dire, Catherine, que je te crois innocente.

CATHERINE. Merci, mon Dieu!

JACQUES. Oui, remercie Dieu, Catherine, qui permet que je puisse te le dire en te tendant les bras...

CATHERINE, *se jetant dans ses bras.* Henry!...

JACQUES. Pauvre innocente victime, que ferai-je pour te venger?

CATHERINE, *pleurant.* Il faut d'abord sauver mon frère...

JACQUES. Oui... et plus tard nous punirons le coupable, s'il existe encore.

CATHERINE. Il existe, puisqu'il vient de s'emparer de mon frère pour le contraindre au silence.

JACQUES. Et comment cela?

CATHERINE. Tout à l'heure, ici, trois hommes masqués sont venus forcer mon frère à les suivre, en le menaçant de faire tuer son fils que depuis dix-huit ans ils ont eu en leur pouvoir, s'il n'obéissait pas ; et pour le salut de son fils et pour le mien sans doute aussi, mon frère s'est résigné.

JACQUES. Quoi! depuis dix-huit ans on a brisé, mutilé ceux que j'aimais, on m'a séparé d'eux...

CATHERINE. En mettant entre nous le doute et la malédiction.

JACQUES. Oh! je vous vengerai tous en me vengeant moi-même.

CATHERINE. Oh! ne dites pas encore le mot vengeance ; si les coupables vous entendaient... ils tueraient aussitôt et Patrick et son fils.

JACQUES. Tu as raison, nous serons encore forcés de nous taire... et de les chercher dans l'ombre...

CATHERINE. Il faut qu'ils ignorent mon salut.

JACQUES. Oui, car ce sont eux qui ont sans doute conseillé à Robert l'empoisonnement de Catherine, et Robert, l'ancien ami de mon père, a cru devoir l'accomplir avec son inexorable justice ; mais nous le convaincrons que trompé par les coupables, il frappait l'innocente, et Robert indigné se hâtera de nous guider sur les pas de ceux qui croyaient trouver leur salut dans la mort de Catherine et le silence de son frère.

CATHERINE, *indiquant au dehors.* Mais voyez donc, sire.

JACQUES, *regardant.* Mais... c'est lui... le duc Robert... encore ici... je vais l'attendre et causer avec lui sans le prévenir encore... Laisse-moi...

CATHERINE. Henry... cet homme semble être mon ennemi...

JACQUES. Il l'était, Catherine, et le plus impitoyable de tous, quand il te croyait parricide ; mais il te sera dévoué quand il saura ton innocence .. Va, rapproche-toi de notre fille, et tout à l'heure à la nuit nous sortirons inaperçus de ce cimetière.

CATHERINE, *allant vers la chapelle.* Sire... justice... et surtout prudence!

JACQUES. Ceux que je veux sauver ne doivent-ils pas composer la famille du roi d'Ecosse, isolé dans son royaume... Force et confiance, amie, ne pleure plus...

CATHERINE. Oh! ne me reproche pas ces pleurs, Henry, ce ne sont plus ceux du regret et de la douleur... et voilà dix-huit ans que j'attendais que le ciel me permît une de ces larmes qui ravissent et qui consolent.

Elle entre avec le Roi dans la chapelle.

SCÈNE IX.

ROBERT, *puis* JACQUES.

ROBERT. C'est dans cette chapelle que je dois attendre Dickson... la résignation de Patrick m'étonne encore... Oui, il faut que nous fassions causer les ensevelisseurs pour savoir s'il ne leur a rien raconté... (*Il fait un pas vers la chapelle.*) Dickson m'attend peut-être déjà... Quelqu'un... le roi!

JACQUES, *rentrant.* Vous ne vous attendiez pas, milord, à me trouver ici...

ROBERT. Non, sire... mais je n'en suis pas surpris... La douleur devait vous conduire secrètement là où vous devez à la fois pleurer l'ancienne compagne perdue , et maudire celle que l'ambition a rendue parricide.

JACQUES. Vous vous êtes trop hâté de punir, Robert; elle était innocente.

ROBERT. Sire...

JACQUES. Et vous avez été vous-même le jouet de l'assassin de mon père.

ROBERT. Je ne vous comprends pas.

JACQUES. Vous me comprendrez quand vous saurez ce qu'on vient de m'apprendre.

ROBERT. Quoi donc, sire?

JACQUES. Catherine avait un frère...

ROBERT. Ah!... ah!... elle avait un frère?

JACQUES. Oui... et ce frère sait tout.

ROBERT. Où est-il donc, sire?

JACQUES. Vous m'aiderez à le chercher.

ROBERT. Quand ?

JACQUES. Demain.

ROBERT. Que ne vient-il vous trouver?

JACQUES. Il est entre les mains du meurtrier, qui, masqué, vient de l'arrêter ici.

ROBERT. Quand donc?

JACQUES. Tout à l'heure.

ROBERT. Mais ce frère se serait défendu, et...

JACQUES. On le menaçait de tuer son fils, s'il résistait...

ROBERT *à part*. Qui lui a dit tout cela?

JACQUES. Vous voyez bien que l'assassin est vivant et près de nous...

ROBERT. Oui, sire...

JACQUES. Et vous comprenez avec quelle prudence et quelle contrainte nous devons le chercher...

ROBERT. Oui, car s'il soupçonnait qu'on est sur sa trace...

JACQUES. Il tuerait Patrick, pour empêcher sa révélation...

ROBERT. Cela serait à craindre... Mais êtes-vous sûr de la loyauté de la personne qui vous a raconté cet incroyable événement ?

JACQUES. Si j'en suis sûr!... vous allez en juger vous-même... Attendez-moi , duc Robert, et nous rentrerons avec elle au palais d'Edimbourg.

ROBERT. Je vous attends, sire.

Jacques entre dans la chapelle.

SCÈNE X.

ROBERT, *seul, puis* DICKSON.

ROBERT. Est-ce que le démon de l'enfer joue contre moi dans cette horrible partie... Cette lutte acharnée tue mon courage... mon cœur s'arrête par intervalle... ma tête épouvantée... cherche en vain... à comprendre...

à prévoir... Est-ce que la force me trahirait au fort de la tempête?

DICKSON, *entrant*. Vous m'attendiez déjà, milord?

ROBERT. Qui vient ?... C'est toi, Dickson?

DICKSON. Milord... cet ensevelisseur était bien Patrick, et maintenant il est emprisonné.

ROBERT, *avec frayeur*. On t'a peut-être suivi, Dickson ?...

DICKSON. Je ne le crois pas; mais qu'avez-vous?

ROBERT. Le roi sait que Catherine était innocente, et que le meurtrier de son père est à Edimbourg.

DICKSON. De qui l'a-t-il appris?

ROBERT. De quelqu'un qui vous a vu masqués, vous emparer de Patrick !

DICKSON. Malheur... Qui vous a dit cela?

ROBERT. Le roi.

DICKSON. Vous l'avez vu?

ROBERT. Oui... et il est maintenant dans cette chapelle.

DICKSON. Nous sommes perdus.

ROBERT. Non, Patrick est en notre pouvoir; Catherine n'est plus, et j'ai la confiance du roi.

DICKSON. Que ferez-vous?

ROBERT. Je n'en sais rien encore... Va m'attendre au palais... et cette nuit... On vient... Laisse-moi...

DICKSON. Oui, milord.

Il sort rapidement.

ROBERT. Ah! je vais donc savoir qui a pu espionner !

SCÈNE XI.

ROBERT, JACQUES, CATHERINE, CHARLES, HENRIETTE.

ROBERT *remonte vers la chapelle; il rencontre Catherine qui en sort avec le Roi.* Grand Dieu !

JACQUES. Douterez-vous maintenant de la sincérité de celle que Dieu n'a pas voulu laisser mourir innocente... Et le roi vous permet, duc Robert, d'offrir le bras à Catherine réhabilitée. (*A Charles.*) Charles, précédez-nous. (*A Henriette.*) Viens, ma fille...

ROBERT, *considérant Catherine*. Vivante !

JACQUES, *à Robert*. Eh bien, duc Robert?

Robert regarde Catherine avec épouvante, s'en approche avec horreur... hésite, se décide... et le rideau tombe comme il vient de lui donner la main.

ACTE CINQUIÈME.

Le théâtre représente une salle du palais d'Édimbourg. Porte au fond donnant sur un vestibule, portes latérales.

SCÈNE PREMIÈRE.

DICKSON, *seul, après avoir ouvert la porte du fond, et examiné au dehors.*

Tout est calme, les sentinelles n'ont pas plus de méfiance qu'à l'ordinaire; cette nuit ressemble aux autres... en apparence, et l'on n'y saurait deviner les émotions et les inquiétudes qui agitent à cette heure ceux qui veillent dans ce palais. Catherine Patrick y est avec sa fille, Charles vient de sortir dans une agitation active comme sa jeunesse, et le roi, qui prend encore conseil du duc Robert, ne sait pas qu'il se confie à son ennemi qui dissimule toute sa terreur... Mais le duc tarde bien à revenir... le temps passe, Patrick emprisonné respire encore... et moi, complice, je frémis d'épouvante... et pourtant je sais bien que le duc a la puissance, qu'il ne peut se sauver sans me sauver avec lui, et il saura se garantir... (*Musique. Il voit entrer Robert.*) Mais, le voici... Vous avez bien tardé, milord duc...

SCÈNE II.

ROBERT, DICKSON.

ROBERT. Oui, je viens seulement enfin de parvenir à quitter le roi.

DICKSON. Quelles sont ses espérances?

ROBERT. Il vient d'envoyer à tous les comtes et hauts dignitaires l'ordre de se rendre ici, ce matin même. Il veut réhabiliter en leur présence Catherine Patrick.

DICKSON. Il n'a pas de preuve matérielle de son innocence...

ROBERT. Il regarde l'arrestation de son frère comme une preuve de l'existence des coupables, et il veut se servir d'abord de cette révélation en faveur de Catherine. Mais nous n'avons rien à craindre... Que nous importe la réhabilitation de cette femme? Je veux être, moi, le premier à la proclamer innocente... Patrick est le seul danger pour nous, Patrick auquel le roi mourant a sans doute nommé Robert.

DICKSON. Aussi faut-il que Patrick ne s'approche jamais du roi!...

ROBERT. Il serait déjà mort, si le roi ne m'avait toute cette nuit gardé près de lui, mais il me reste assez de temps pour nous délivrer du seul accusateur qui pourrait nous perdre. La prison qui le garde est bien secrète... et quand les nobles s'assembleront dans ce palais, le corps de Patrick sera déjà dans la rivière.

DICKSON. Vous n'avez pas de temps à perdre, milord.

ROBERT. Dans une heure, Patrick aura cessé de vivre.

DICKSON. Bien, milord, et avez-vous songé que le roi va maintenant, pour trouver le coupable, fouiller dans la vie passée de tous les anciens nobles?

ROBERT. Oui, et avant demain j'aurai jeté un soupçon dans l'âme du roi.

DICKSON. Et sur qui donc, milord?

ROBERT. Sur le comte Douglas, qui vient de mourir et dont on apprête les funérailles.

DICKSON. Le comte Douglas?...

ROBERT. Etait, tu le sais, un grand ennemi du roi Jacques III.

DICKSON. Oui...

ROBERT. Mort hier, il ne pourra pas se défendre; je dirigerai d'abord sur lui tous les soupçons du roi, et cela nous donnera du temps... Je pars... toi, veille toujours...

DICKSON. Comptez sur moi.

ROBERT. Charles n'est pas de retour?

DICKSON. Non, milord... Où est il donc allé?...

ROBERT. Sans doute, par ordre du roi, préparer la réunion de ses nobles. Et Ralph?...

DICKSON. Sera silencieux.

ROBERT. Où est-il?

DICKSON. Occupé aux funérailles du comte Douglas... Mais on vient...

ROBERT. Si c'était le roi?...

DICKSON, *qui a ouvert la porte.* C'est Charles...

CHARLES. Mon père...

SCÈNE III.

LES MÊMES, CHARLES, *puis* PATRICK.

ROBERT. D'où venez-vous donc, mon fils?

CHARLES. D'où je viens, milord, vous allez le savoir. (*Désignant Patrick qui paraît.*) Je viens de délivrer cet homme, mon père...

ROBERT. Délivré!

DICKSON. Patrick!

CHARLES. Soyez sans inquiétude, Patrick, vous êtes ici dans la chambre du premier ministre, et ici vos ennemis ne peuvent rien.

ROBERT, *à Patrick.* Ses ennemis... où donc vous avaient-ils conduit?

CHARLES. Dans les prisons de la prévôté.

PATRICK. Oui, dans un cachot sombre, où je craignais de rester éternellement...

CHARLES. Et moi, mon père, muni d'un ordre que m'a donné le roi, et qui devait me faire ouvrir toutes les portes, j'ai visité, d'abord en vain, toutes les prisons de la citadelle et de la chancellerie, et enfin j'ai trouvé Patrick dans celle de la prévôté.

ROBERT. Avez-vous pu découvrir en même temps qui l'y avait fait violemment enfermer?

CHARLES. Je ne me suis jusqu'alors occupé que de sa délivrance.

ROBERT. Et vous avez bien fait, mon fils...

CHARLES. Maintenant je vais, pour accomplir les ordres du roi, lui apprendre l'heureuse issue de ma tentative.

PATRICK. Allez, jeune homme.

Charles sort par le fond.

SCÈNE IV.

ROBERT, DICKSON, PATRICK.

DICKSON, *bas à Robert.* Le roi va faire appeler Patrick.

ROBERT, *à Patrick.* Je veux aller moi-même prévenir aussi le roi de votre présence, Patrick... Son premier ministre doit lui apprendre en personne une si heureuse nouvelle.

PATRICK. Qu'il soit fait ainsi, milord...

DICKSON, *bas à Robert.* Qu'espérez-vous?

ROBERT, *de même.* Gagner du temps... et empêcher leur rencontre.

Il sort à gauche.

SCÈNE V.

DICKSON, PATRICK.

DICKSON. Le duc Robert va prévenir le roi, et vous allez bientôt le voir.

PATRICK. Oui, je vais me trouver en face de Henry... devenu roi d'Ecosse.

DICKSON, *à part.* Pas encore, j'espère...

PATRICK. Et je tremble en y songeant... Je sais bien que notre entrevue va finir tous les maux de ma sœur... Et quoique je touche au comble de mes vœux... je ne puis maîtriser mon émotion...

DICKSON. Qui se dissipera bientôt...

PATRICK. Oh! vous ne pouvez pas la comprendre... vous ne savez pas qu'autrefois le roi Jacques IV était mon compagnon fidèle: que nous habitions sous le même toit; prenions nos repas à la même table... (*Ici Henry, qui vient d'entrer par le fond, s'arrête et écoute.*) Que le soir, Henry et moi, nous nous endormions en causant à demi-voix, nos en-

fants sur nos genoux; que nous n'avions à nous deux qu'une bourse, qu'un dévouement, qu'une espérance; et que tous les jours chacun de nous disait à l'autre en lui tendant la la main : Dieu te garde, frère!

JACQUES, *qui s'est approché de lui, lui tendant la main :* Dieu te garde, frère!...

PATRICK. Henry!.. (*Se contenant.*) Le roi!..

SCÈNE VI.

JACQUES, PATRICK, DICKSON.

JACQUES. Ne me nomme donc pas le roi, quand Henry te tend la main. (*Patrick, ému, n'ose lui prendre la main. A Dickson.*) Laisse-nous, Dickson.

DICKSON *s'incline en sortant.* Allons prévenir le duc de ce qui se passe.

Il sort.

JACQUES. Te voilà donc, Patrick, toi dont j'ai tant maudit l'absence.

PATRICK. Moi aussi... je maudissais loin d'ici...

JACQUES. Et tu as oublié ton frère...

PATRICK. Moi?...

JACQUES. Toi, qui ne m'appelles plus Henry.

PATRICK. Je n'ose plus vous donner ce nom... mon roi.

JACQUES. Et pourquoi donc?... Que faut-il que je fasse pour te rappeler les anciens jours? Je ne puis arracher les dorures qui couvrent ces murailles et reconstruire la cabane; je ne puis que te tendre la main comme alors, pour te prouver que mon cœur n'est pas changé...

PATRICK, *lui prenant la main.* Henry!

JACQUES, *le serrant dans ses bras.* Mon frère!

PATRICK. Les souvenirs d'autrefois viennent de chasser toutes mes terreurs.

JACQUES. Laisse-moi donc te regarder, pauvre ami qui a souffert...

PATRICK. Oui... mais je n'ai jamais désespéré.

JACQUES. Et tu nous apportes, frère, la preuve de l'innocence de Catherine?

PATRICK. La preuve positive...

SCÈNE VII.

JACQUES, ROBERT, PATRICK.

ROBERT, *entrant par la gauche.* Ensemble! PATRICK. Qui vient?...

JACQUES. Le duc.... Approchez, milord; vous n'êtes pas de trop ici; car Patrick nous apporte la preuve de l'innocence de sa sœur.

ROBERT. La preuve!... Et laquelle?

PATRICK. Vous allez le savoir. Tu te souviens de notre dernière entrevue, Henry?

JACQUES. Oui...

PATRICK. Eh bien, une heure après, comme je rentrais dans ta demeure, j'entendis des cris dans le sentier ; je courus et je vis que l'on y tuait un homme... Je volai à son secours ; un second assassin survint... Armé de ma hache, je le mis bientôt hors de combat... Je fis entrer dans ta maison le pauvre tondeur de laine, que je ne savais pas être le roi, et qui expira aussitôt dans mes bras.

JACQUES, *à Robert*. Vous entendez, duc Robert...

ROBERT. Oui, sire.

PATRICK. Furieux, je me disposais à poursuivre son assassin, lorsque par la fenêtre on me jeta une lettre (*la prenant dans sa ceinture*) que j'ai précieusement conservée toujours... Tiens, Henry, lis, et tu verras que l'assassin s'y accuse.

ROBERT, *à part*. La lettre de Dickson.

JACQUES, *après l'avoir lu*. Les infâmes !... Mais, en effet, ils s'accusent eux-mêmes... Voyez donc, duc Robert.

ROBERT, *parcourant la lettre*. Et le roi mourant... ne vous a pas nommé...

PATRICK. Son assassin... Hélas! non... il n'a pas même pu me nommer son fils ?

ROBERT, *à part*. Je suis sauvé !

JACQUES. Et cette lettre prouve au moins que Catherine n'a pas été parricide.

ROBERT, *glorieux*. Oui, sire... et c'est là le plus pressé... L'assassin, nous le découvrirons, et j'espère avoir trouvé la trace.

PATRICK. De celui qui m'a volé mon fils...

ROBERT. Peut-être... je ne puis rien affirmer...

JACQUES. Et qui soupçonnez-vous ?

ROBERT. Sire, en fouillant dans mes souvenirs, je me rappelle que le comte de Douglas, celui qui vient de mourir, était, il y a vingt ans, l'ennemi juré de votre père, car il avait de folles prétentions au trône...

JACQUES. Le comte de Douglas... en effet... mais, mort hier, il n'aurait pu ordonner l'arrestation de Patrick.

ROBERT. Et ses complices...

JACQUES. C'est vrai... mais avez-vous bien réfléchi, duc Robert...

ROBERT. Ce matin, Dickson a vu trois hommes masqués entrer dans son château...

PATRICK. Trois hommes masqués... et le comte est mort, lui qui peut-être avait le secret de mon enfant... Oh! n'importe... mort ou vivant je saurai, moi, s'il était l'assassin... je porte toujours l'habit des ensevelisseurs, et je connais le château des comtes Douglas.

JACQUES. Que veux tu faire ?

PATRICK. Ne publiez aucun de vos soupçons... et avant une heure, je vous dirai, moi, si le comte a tué le roi Jacques, et s'il m'a volé mon enfant, je vous le jure...

Il sort précipitamment par le fond.

JACQUES. Il se hâte, au palais du comte Douglas.

ROBERT, *à part*. Que peut il espérer ?

HENRIETTE, *entrant par la droite avec Catherine*. Voici le roi, ma mère...

JACQUES, *les apercevant*. Henriette... Catherine...

CATHERINE, *regardant autour d'elle*. Et mon frère !... dont Charles nous a annoncé la délivrance...

JACQUES. Il vient de nous quitter pour éclaircir des soupçons qui peut-être vont le conduire à la découverte de son fils.

HENRIETTE. Et si ses ennemis le poursuivent encore?

JACQUES. Le ciel, mon enfant, doit guider celui qui vient de me donner une preuve écrite de l'innocence de ta mère.

CATHERINE. Une preuve écrite...

JACQUES, *lui donnant la lettre*... Tenez lisez... (*A Robert, pendant qu'elles lisent.*) Et cette lettre me permettra de publier dans mon royaume une vérité dont ma conviction seule n'aurait pu le convaincre.

CATHERINE, *après avoir lu*. Et l'on m'accusait de faire tuer le roi Jacques, tandis que me séparant de ma fille au berceau, je me dévouais pour la gloire de mon époux et le salut de son père...

HENRIETTE. Pauvre mère...

JACQUES. Pauvre victime, tu vas recevoir enfin les bénédictions que l'on doit aux martyrs.

SCÈNE VIII.

LES MÊMES, CHARLES, *puis* LES NOBLES.

CHARLES, *entrant par le fond*. Sire, vos nobles se rendent à votre appel.

JACQUES. Entrez, milords et comtes. (*Les Nobles entrent.*) Le roi vous réunit aujourd'hui pour vous annoncer une justice tardive, mais éclatante... Demain, le duc Robert mon ministre publiera à la chambre de justice la preuve de l'innocence de l'infortunée Catherine Patrick... la femme de votre roi et la mère de votre future souveraine ; et votre roi, qui proclame Catherine innocente, vous prie, milords, de suivre son exemple en vous inclinant devant elle. (*Tout le monde s'incline.*) Et pour que l'Europe entière apprenne par un fait la juste vérité... je veux fiancer devant vous Charles, fils du duc Robert, mon ministre, à la fille du roi d'Ecosse et de Catherine Patrick... réhabilitée.

CHARLES. Sire...

CATHERINE. Ils m'ont sauvée tous deux, milords et comtes, et le ciel les avait à l'avance entraînés l'un vers l'autre.

ROBERT, *s'avançant.* Quoi, mon roi! tant d'honneur...

JACQUES. Vous fait aujourd'hui, milord, le premier dignitaire de mes états vous qui devenez père de l'héritier du trône.

SCÈNE IX.

LES MÊMES, PATRICK.

PATRIK, *entrant.* Sire...

JACQUES. Patrick...

CATHERINE. Mon frère ?...

JACQUES. Que sais-tu?

PATRICK. Le comte de Douglas n'a pas tué votre père... et j'ai retrouvé mon fils...

CATHERINE. Ton fils?

PATRICK. Est ici... Le roi d'Ecosse l'a fiancé à sa fille Henriette...

JACQUES. Charles!...

CHARLES. Moi!... votre fils!...

PATRICK. Oui, toi... l'enfant du muletier...

ROBERT, *vivement.* Mais qui a osé publier ce mensonge?...

PATRICK. Un des trois hommes masqués, que j'ai reconnu parmi les ensevelisseurs au château de Douglas... Pour sa révélation, je lui ai promis sa grâce, et Ralph, qui était perdu sans son aveu, m'a tout raconté.

ROBERT, *vivement.* Ralph!... il a menti...

PATRICK, *de même.* Nous allons le savoir, milord... car je ne vous ai pas tout dit, sire.

Je ne vous ai pas dit qu'après la lecture de la lettre qui me fut jetée dans votre maison, toute la nuit je restai près du cadavre de votre père, attendant vainement votre retour et celui de Catherine, et qu'enfin, je partis espérant revenir bientôt en secret... Je n'ai pu rentrer en Ecosse qu'après dix-huit ans d'esclavage et de douleur... mais j'y revenais avec l'espoir de connaître le voleur et l'assassin, car avant mon départ, j'avais trouvé dans le sentier, près d'une place ensanglantée, une main que ma hache avait coupée dans la bataille... et à cette main, il y avait une bague de comte,.. Or, milord duc Robert, si Ralph a menti, vous pouvez le prouver d'un seul geste en ôtant vos gantelets, et montrant vos deux mains.

ROBERT. Malheur !...

Les Nobles s'approchent de Robert et l'examinent.

JACQUES. Eh bien, duc...

PATRICK, *lui arrachant son gantelet.* Mais, obéissez donc !... Voyez !... (*Tout le monde recule avec terreur, jetant le gantelet au pied de Robert.*) Celui qui t'avait nommé Charles, mon fils... était un assassin.

CHARLES, *se jetant dans les bras de Patrick.* Mon père !...

Robert chancelant tombe dans un fauteuil.

JACQUES. Milords... vous vous unirez tous à ma vengeance.

Les Nobles entourent Robert avec un geste affirmatif.

PATRICK. Roi Jacques quatrième d'Ecosse, Dieu vous livre à la fois l'assassin de votre père et celui de votre mère...

JACQUES. C'était Robert !...

CATHERINE. Henry Ramsay... que l'Ecosse a nommé roi, Dieu t'a gardé toute ta famille.

FIN.

Imprimerie de v° Dondey-Dupré, rue Saint-Louis, 46, au Marais

TABLE

DES PIÈCES CONTENUES DANS LE QUARANTIÈME VOLUME.

LA TOUR DE FERRARE, drame en cinq actes, par MM. Alboize, Charles Lafond et Élie Sauvage.

UNE SOIRÉE A LA BASTILLE, comédie et en un acte et en vers, par M. Adrien de Courcelle.

TOM POUFF, à-propos en un acte, mêlé de couplets, par un Nain connu.

SYLVANDIRE, roman d'Alex. Dumas, mis en quatre chapitres, par MM. de Leuven et Vanderburch.

CHACUN CHEZ SOI, comédie-vaudeville en un acte, par MM. Léonce et Lubize.

DAME ET GRISETTE, comédie-vaudeville en un acte, par M. N. Fournier.

UN CHANGEMENT DE MAIN, comédie-vaudeville en deux actes, par MM. Bayard et Charles Lafond.

LE BROCANTEUR, comédie-vaudeville en un acte, par MM. Auguste Follet et Eugène Nus.

LE CANAL SAINT-MARTIN, drame en cinq actes et sept tableaux, par MM. Dupeuty et Cormon.

LE TÉLÉGRAPHE D'AMOUR, comédie-vaudeville en trois actes, par MM. Michel Masson et F. Thomas.

PARIS ET LA BANLIEUE, pièce en cinq actes et onze tableaux, par MM. Dennery et Clairville.

BRANCAS LE RÊVEUR, comédie-vaudeville en un acte, par MM. Alex. Delavergne et Saint-Yves.

UN FILS S'IL VOUS PLAIT, vaudeville en un acte, par MM. Moléri et Edme Chauffer.

LA CUISINIÈRE MARIÉE, folie-vaudeville en un acte, par MM. L. Couailhac et Marc Michel.

LA SAMARITAINE, comédie-vaudeville en un acte, par MM. J. Gabriel et Michel Delaporte.

CORNEILLE ET ROTROU, comédie en un acte et en prose, par MM. F. Delaboullaye et E. Cormon.

LA SOEUR DU MULETIER, drame en cinq actes, par M. Joseph Bouchardy.

TOME XVII.	
La Femme au salon, c.-v. 2a.	40
Moustache, c.-v. 3 a.	40
Les droits de la Femme, c. 1a.	30
M. de Covllin, c.-v. 1 a.	30
La Pièce de 24 Sous c.-v.1 a	30
Fille de l'Air dans son Ménage,	30
Philippe III. trag. en 5 a	50
L'Orphelin du Parvis, c.-v. 1 a	40
La Croix de Feu, mél. 3 a.	40
Plock le Pécheur, v. 1 a.	30
Léonce, c.-v. 3 a.	40
L'Escroc du Grand Monde. 3 a.	40
Les Trois Dimanches, c.-v 3a.	40
Les Chiens du St-Bernard, 5 a.	50
La Figurante, op.-c 5 a.	50
La Comtesse de Chamilly, 4 a.	40

TOME XVIII.	
Le Sonneur de St-Paul, d. 5 a	50
Mademoiselle, c. v, 2 a.	40
Maria Padilla, tragédie 5 a.	50
Paul Jones, drame en 5 actes, par Alexandre Dumas.	50
Le Brasseur de Preston, o.-c 3a	50
François de Rimini, tr. 3 a.	40
Lady Melvil, c.-v. 3 a.	40
Tronquette, c.-v. 1 a.	30
Le Discours de Rentrée, v. 1 a	30
Pierre d'Arezzo, d. 3 a.	40
Les Coulisses, v. 2 a.	40
Le Marquis en Cage, c.-v. 1 a	30
Le Puff, rev. en 3 tabl.	40
Claude Stocq, dr. 5 a.	40
Jeanne Hachette, dr. 5 actes.	50

TOME XIX.	
Lekain, v. 2 a.	40
Diane de Chivry, dr. 5 actes. par Frédéric Soulié.	50
Les trois Bals, v. 3 a.	40
Le Manoir de Montlouvier.	50
Dieu vous bénisse, v. 1 a.	30
Maurice, c.-v. 2 a.	40
Bathilde, dr. 3 a.	40
Pascal et Chambord, c.-v. 2 a.	40
Maria, v. 1 a.	40
La Bergère d'Ivry, dr. 5 a.	50
Mlle de Belle-Isle, drame 5 a. par Alexandre Dumas.	50
Marie Rémond, dr.-v. 3 a.	40
Simplette, v. 1 a.	40
Le Plastron, v. 2 a.	40

TOME XX.	
L'Alchimiste, d. 5 a.	50
Naufrage de la Méduse, 5 a.	50
Balochard, c.-v. 3 a	40
La Maîtresse et la Fiancée, 2 a	40
Marguerite d'Yorck, mél. 4 a.	40
Deux jeunes femmes, d. 5 a.	50
Rigobert, mél-c. 4 a.	40
Gabrielle, c.-v. en 2 a.	40
La jeunesse de Goethe, v. 1 a.	30
Emile, v. en 1 a.	30
Le Fils de la Folle, d. 5 a.	50
Il faut que jeunesse se passe,	40
Un Vaudevilliste, 1 a.	2
Le Marché de St-Pierre, par Antier et Comberousse.	50
Amandine, c.-v. en 1 a	40

TOME XXI.	
Il était temps, c.-v. 1 a.	30
L'article 960, v. 1 a.	30
L'Art de ne pas monter sa gar.	30
L'Ange dans le monde c. 5 a.	40
Christine, 5 a. par F. Soulié.	5
Les Chevaux du Carousel, 5 a.	50
Laurent de Médicis, tr. 5 a.	40
Les 3 Beaux-Frères, v. 1 a.	30
Revue et Corrigée, c.-v. 1 a.	30
Le Loup de Mer, d. 2 a.	40
Christophe le Suédois, d 5 a. par Joseph Bouchardy.	50
Le Proscrit, d. 5 a.	50
Le Massacre des Innocents 5 a.	50
Thomas l'Égyptien, v. 1 a.	30
Clémence, c.-v. 2 a.	40

TOME XXII.	
Le Château de Saint-Germain,	30
Les Bamboches de l'Année, r.	30
Commissaire extraordinaire.	30
Deux Couronnes, c. 1 a.	30
Les Enfans de troupe, c.-v 2a.	0
L'Ouvrier, drame en 5 actes, par Frédéric Soulié.	50
Tremb. de terre de la Martini.	50
La Famille du Fumiste, c. 2 a.	40
Les Intimes, v. 1 a.	30
La Madone, d. 4 a.	40
Les Prussiens en Lorraine,	50
Roland Furieux, f.-v. 1 a.	30
Un Secret, d.-v. 3 a.	40
L'Abbaye de Castro d. 5 a.	50
La Famille de Lusigny, d. 3 a.	40

TOME XXIII.	
Vautrin, d. 5 a.	50
L'Ouragan, d.-v. 2 a.	40
Aubray le Médecin, d. 3 a.	40
Les Honneurs et les Mœurs,	40
Les Diners à 32 sous, v. 1 a.	30
Aînée et Cadette, c.-v. 2 a.	40
Le Fils du Bravo, v. 1 a.	30
Bonaventure, c.-v. 3 a. et 4 t.	40
L'Éclat de Rire, d. 3 a.	40
Cocorico, v. 5 a.	40
Souvenirs de la Marq. de V***.	30
La Jolie Fille du faubourg.	40
Le Fin Mot, c.-v. 1 a.	30
Le Château de Verneuil, d. 5 a	50
La Maréchale d'Ancre, d. 5 a.	50
Les Pages et les Poissardes,	40

TOME XXIV.	
Bocquet Père et Fils, c.-v.2a.	40
Le Mari de ma Fille, c.-v. 2 a	30
La Chouette et la Colombe.	40
Quitte ou Double, c.-v. 2 a.	40
L'Argent, la Gloire et les Femmes, v. 4 a. et 5 t	50
Marguerite, dr. 3 a.	40
Paula, dr. 5 a.	50
Mon ami Cléobul, v. 1 a	30
Édith, dr 4 a.	50
Un Roman intime, c. 1 a.	30
Lazare le Pâtre, dr. 5 a.	50
L'École des Journalistes, c. 5 a.	50
Cicily, com.-vaud. 2 a.	40
Newgate, dr. 4 a.	50
Le Père Marcel, c.-v. 2 a.	40

TOME XXV.	
L'Hospitalité, vaud. 1 a.	30
Le Guitarrero, op.-c. 3 a.	50
La Fête des Fous, dr. 5 a.	50
La Favorite, op. 4 a.	50
Le Neveu du Mercier, dr.-v.3a.	50
Le Perruquier, dr. 5 a.	50
Zacharie, dr. 5 a.	50
Tiridate, c.-v. 1 a.	40
La Bouquetière, dr.-v. 3 a.	40
Jacques Cœur, dr 5 a.	50
L'École des Jeunes filles, d.5 a.	50
La Protectrice, c. 1 a.	40
Manche à Manche, c.-v. 1 a.	40
Un Mariage sous Louis XV. par Alexandre Dumas.	50
Fabio le Novice, dr. 5 a.	50

TOME XXVI.	
Une Vocation, com.-v. 2 a.	40
La Sœur de Jocrisse, v. 1 a.	40
Van-Bruck, com.-v. 2 a.	40
Le Marchand d'habits, dr. 5 a.	50
Mon ami Pierrot, c.-v. 1 a.	40
Le Lescombat, dr. 5 a.	50
Zara, dr. 4 a.	50
Langeli, com-v. 1 a.	40
Murat, pièce en 3 a., 14 tab.	50
Trois œufs dans un panier, 1 a.	40
Mathieu Luc, dr. 5, en vers.	50
Caliste, com.-vaud. en 1 a.	40
L'Aveugle et son Bâton, 1 a.	40
Paul et Virginie, dr. 5 a.	50
Les Enfants Blancs, dr. 5 a.	50
La Voisin, mél. 5 a.	50

TOME XXVII.	
Ivan de Russie, tragédie.	50
Le Dérivatif, vaudeville.	40
Un Bas bleu, vaudeville.	40
Les Filets de Saint-Cloud.	50
La Plaine de Grenelle, d. 5 a.	50
Lorenzino, drame en 5 actes, par M. Alex Dumas.	50
La Dot de Suzette, d. 5 a.	50
Amour et Amourette. v. 5. a.	50
Pàris le Bohémien, d. 5 a.	50
Les Brigands de la Loire, dr. en cinq actes.	50
Margot, v. 1 a.	40
Paris la nuit, d. 6 a. 8 t.	50
Emery le négociant, d. 3 a.	50
La Salpêtrière, dr 5 a.	50

TOME XVIII.	
Claudine, dr. 3 a	50
Les Chanteurs ambulants, 5a.	50
Céline c.-v. 2 a.	40
Les Pilules du Diable, 3a. 20 t.	50
Les 2 Brigadiers, vaud. 2 a.	40
Le Roi d'Yvetot, op.-com. 3 a.	50
L'auberge de la Madone, d. 5 a.	50
Les ressources de Jonathas, 1 a.	50
Halifax, c. 4 a. avec prol.	50
Le prince Eugène, 3 a. 14 t.	50
Le baron de Lafleur, c. 3 a. env.	50
Vision du Tasse, 1 a. en	30
La Main droite et la Main gauche, drame en 5 actes.	1 f.
Madeleine, dr en 5 a.	50
Mlle de la Faille, d. 5 a. 8 t	50

PIÈCES NOUVELLES DU MAGASIN THÉATRAL.

L'Extase, c.-v. 3 a.	50	Don Quichotte et Sancho Pança, pièce en 3 tableaux.	50	Jacques le Corsaire, dr. en 5 a.	50	La Peste Noire, dr. en 5 a.	50
Le Menuet de la Reine, 2 a.	50	Une Campagne à Deux, c.-v.1a.	40	La Grisette de qualité, v. 3 a.	80	La mère Tanpin, vaud. 3. a.	50
Les Mille et Une Nuits, 4 a.	50	Le Déserteur, op-com. 3 a.	50	Le Mari à la campagne, c. 3 a.	50	La Tour de Ferrare, dr. en 5 a.	50
L'Enlèvement de Déjanire, v.	40	Lucio, drame en 5 actes.	50	Petits métiers de Paris, v. 3 a.	50	Une Soirée à la Bastille, c. 1 a.	40
Redgauntlet, d. 3 a. avec pr.	50	Pierre Landais, d. en 5 actes.	50	Qui se ressemble se gêne, v. 1a.	40	Tom Pouf, à-propos, 1 a.	40
Le succès, c. en 3 actes.	50	La Croix d'acier, dr. en 1 a.	30	Le Rodeur, dr. 5 a.	50	Sylvandire, roman en 4 ch.	50
Le palais-royal et la fille 4	50	L'Homme blasé, vaud. en 2 a.	50	Paris voleur, vaud. 6 a.	50	Chacun chez soi, c. v. 1 a.	40
La chambre verte, c.-v. 2 a.	50	Louise Bernard, drame en 5 a. par Alexandre Dumas.	50	Don César de Bazan, 5 a.	50	Dame et Grisette, c.-v. 1 a.	40
Les enfants trouvés, dr. 3 a.	50	Stella, drame en 5 actes.	50	7 Châteaux du diable fér. 3 a.	50	Un changement de main, 2 a.	50
La dre nuit d'A. Chénier, mon.	30	L'Ombre, ballet.	50	Le Bal Mabille, c.-v. en 1 a.	40	Le Brocanteur, v. 1 a	40
Le soleil de ma Bretagne, 3 a.	50	Le Vengeur, drame en 3 a.	50	Un Amant malheureux, v. 2 a.	50	Le Canal St-Martin, dr. 5 a.	50
Un mauvais père, d.-v. 3 a.	40	Le Théâtre et la Cuisine, v.2 a.	50	Le maçon et le banquier, 3 a.	50	Télégraphe d'Amour, v. 3 a.	50
Marguerite Fortier, d.4a.1pr.	50	Les Iles-Marquises, revue en 2 actes.	50	Calypso, féérie-myth en 3 t.	50	Paris et la Banlieue, dr. 5 a.	50
La famille Renneville, d.3a. p.	50	Mémoires de deux jeunes Mariées, vaudeville en 1 acte	40	Les 3 péchés du diable, v. 1 a	40	Brancas le Rêveur, v. 1 a.	40
Brisquet, 2 a. v. 2 a.	40	L'art de tirer des carottes, 1 a	40	L'Épicier de Chantilly, v. 1 a.	40	La Cuisinière mariée, v. 1 a.	40
Les Grands et les Petits, 5 a.	50	Une Idée de médecin, v. 1 a.	40	L'Étourneau, vaud. en 3 actes.	50	La Samaritaine, v. 1 a.	40
Le Héros du marquis de 15 sous.	50	Le Laird de Dumbiky, c. en 5 a par Alexandre Dumas.	50	Le Bachelier de Ségovie, c. 5 a.	50	La Sœur du Muletier, dr. 5 a.	50
La jeune et la vieille garde, 1a.	40	La duchesse de Châteauroux, dr. en 4 a.	50	Un mauvais ménage, dr. 3 act.	50	Corneille et Rotrou. v. 1 a.	40
Les 2 Sœurs, c.-v. en un a.	40	Marjolaine, v. en 1 a.	40	Aubry le Boucher, dr. 4 act.	50		
Adrienne, vaud. en un acte.	40	Molière au 19e siècle, c.-v. 1 a.	40	Les orphelines d'Anvers, d 5a.	50		
Les Fumeurs, c.-v. en 2 a.	50	Les trois Amis, dr.-v., 3 a.	40	Jeanne d'Arc en prison, v.1a.	30		
6,000 fr. de récompense, d.5a.	50	Karel Dujardin, c. 1 a.	40	Les Armes du Diable, v. 3 a.	50		
Les petites misères de la vie, 1	40	La Famille Cauchois, c. 5 a.	50	Au bord de l'abîme, v. 1 a.	40		
Gloire et perruque, v. en 1 a.	40	Le Vieux Consul, tr. 5 a.	40	Inès, dr. en 5 a.	50		
Les Demoiselles de St-Cyr, 5	1fr.	Champmeslé, c. 1 a.	50	Forti-Spada, dr en 5 a.	50		
Le prisonnier en Sibérie, d. 3 é.	50	L'oncle à succession, c.-v. 2 a.	40	Les trois loges, c.-v. 3 a.	50		
Lénore, drame en 5 actes.	50	Jane Grey, tr. 5 a.	50	Une bonne réputation, c. 1 a.	40		
Quand l'amour s'en va... v. 1a.	40	Alberta 1re, c.-v. 2 a.	50	La Coqueluche du quartr, 1 a.	40		
Un Secret de famille, d.-v. 3 a.	50	La Gazette des Tribunaux, v 1a.	50	Cabrion, folie-vaud. 1 a.	40		
Paris, Orléans et Rouen, v. 3a.	50			Notre-Dame des abîmes, d 5 a.	50		
Les Dévorants, c.-v. 2 a.	50			La Tour d'Ugolin, c.-v. 2 a.	50		
Un Jour d'orage, c.	40			Parlez au Portier, v. 1 a.	40		
L'Écrin, c.-v. 3 a.	50			La Biche au Bois, féer. 16 tab.	50		
Les Bohémiens de Paris, dr. 5 a.	50			Le Tricorne enchanté, 1 a.	40		
Paméla Giraud, dr. 5 a.	50	La Gazette des Tribunaux, v 1a.	50				

www.ingramcontent.com/pod-product-compliance
Lightning Source LLC
LaVergne TN
LVHW011409170726
843501LV00006B/2109